最短で結果が出る超勉強法

讀書，不要用蠻力

日本頂尖律師‧考試
莊司雅彦
林文娟／譯

CONTENTS

第3篇 一口氣提高成果的訣竅

CONTENTS

前言

最快考試合格的方法

我認為拿起這本書的讀者，基本上擁有一定的「上進心」。我也是屬於那種看到有關「讀書方法」的書籍，一定會拿起翻閱的人，而只要其中有一小部分是我認為實用的，我就一定會購買。就某種觀點來說，我應該是喜歡蒐集「讀書方法」的宅男吧！

三十多年來我不但蒐集許多方法，也都一一親身實踐，雖然在這過程中犯下不少錯誤，但是對我來說，能從中確立屬於自己的讀書方法，著實讓我的人生因此豐富了不少，也因此建立了這一連串對大腦及身體活動都有實質效果的「最強讀書方法」。

大約三十年前，我參加了大學入學考試，大學畢業後即踏入社會工作，後來更放棄上班族身分，決定挑戰司法考試，我就是在那段時間完成讀書方法的大部分架構。

當上律師之後，為了使律師工作進行得更有效率，我下了不小功夫，積極嘗試能使自身能力更加精進的輔助小道具，不斷探求實踐Know-How[1]，亦從中磨練出不少讀書的小技巧。

本書的內容不僅由我本身的經驗集合而成，也包括我和獨生女兩人一起針對中學入學考試規劃的方法，可以說是「讀書方法的集大成」。

以下就客觀角度舉幾個有關此方法的成果：

①當我十幾歲時，就讀家鄉的高中，在第一次的實力測驗中，我的名次是四百五十人中的第六十名，雖然當時能否以這樣的成績進入一流大學還有待商榷，但對於中學時成績差強人意的我來說，已經非常滿意這個測驗的結果了。**之後我靠著改良自己高中三年的讀書方法，成功以應屆畢業生身分同時考上東京大學文科Ⅰ類組（法學院）以及早稻田大學政治經濟學部。**

②大學畢業後，我到舊日本長期信用銀行上班，後來去了野村投信工作，但在

1 Know-How：是指一個人或行業的核心知識，把知識（knowledge）化為行動的知識。

一九八六年九月三十日，我決定辭去工作，而且從翌日（十月一日）開始準備司法考試（幾乎是從零開始學習）。隔年五月即在第一道關卡的「單選題考試」獲得合格成績，而在七月的司法考試，也就是最困難的「申論題考試」得到了「B」（雖不合格，但也在前一千五百名內，以現在的合格人數來看是合格的）。

隔年在各種模擬考試，名次都能位居在前，像是申論題模擬考為第八名，綜合單選題模擬考則是第五名，辰巳小教室[1]第二名，星期日答練[2]約為三十名左右……，在各個方面的成績都有非常顯著的進步。後來也順利獲得二家學校的入學資格並成功通過司法考試，在脫離上班族生活轉而開始讀書後的二年內，**我便成為當時準備時間最短，「最快」通過司法考試的第一人。**

而後我也站在教授的立場，將我的方法對學生做個別指導，而他們也都順利通過了司法考試。

③身為律師，**我也以比全國律師平均處理案件速度還快了十倍，來完成我手邊的工作**（根據《日本律師白皮書[3]》記載），因此我登錄為律師後，是全縣唯一每年登上高額繳稅名單之列的律師，但在那段時間內，**我沒有加過任何一次班，也享有週休二日的待遇。**

④我們全家在女兒要升上四年級的第三學期[4]時搬來東京，女兒為了準備中學入學考試採用了我的方法學習，在她六年級的四谷大塚[5]模擬考試中，取得兩次偏差值[6]七十二的成績，最後一次考試則是第五十六名。**她不但成功通過東京「女子前三名校」的考試，所有參加入學考試的學校也都順利上榜**。

我之所以那麼大膽地將這些成果條列出來，純粹只是想客觀地提出根據，驗證「只要照著本書所介紹的方法實行，想得到這樣的好成績絕非難事」的道理罷了。

1辰巳小教室：辰巳法律研究機構，為通過日本司法考試的指導機關，已擁有三十多年歷史。
2星期日答練：日本學習機構的規劃課程之一，為星期日的課程內容，教學內容依各機構有所不同。
3日本律師白皮書：每年發行一次，記載日本當年度律師數目及活動狀況等廣泛統計內容。
4第三學期：日本教育為三學期制，初等、中等教育幾乎都採取此制度。一般來說四月~七月為第一學期，九月~十二月為第二學期，一月~三月為第三學期，各學期之間各有暑假、寒假以及春假。
5四谷大塚：日本一家以中學考試為主的知名私人考試機構，不僅有課程規劃，也定期舉辦許多的模擬考試。
6偏差值：為日本用來判定入學資格分數的標準值。

擁有「知識力量」才能在社會上出奇致勝

市面上不客觀提出成效如何，只強調快樂學習以獲得成果的讀書法書籍不斷出現。但也不能說他們的想法都是錯誤的，因為不論怎樣的「方法」，最終還是要以「自在快樂學習」為出發點，也就是不論資格考試、入學測驗，抑或是想在自己的履歷表加上一筆更有力的條件，找出「能在最短時間達到一定效果呈現」的途徑，才是讀書方法最重要的使命。

但是坊間充斥的「快樂學習讀書法」這類書籍，其中藏有一個缺點，就是各家書籍中很少有人願意客觀提及成果，好讓讀者檢視。

就這點來看，我的方法有別於他人，如果只提及我個人的成果，或許會有讀者質疑「是你的能力在水準之上」，所以我還提供了司法學生及女兒的成功案例作為此方法成效之佐證。我可以很有自信地說，本書對於懷有上進心的各位來說，絕對是有幫助的一本書。

人類在現代社會中，最寶貴的財產就是「知識」，就算擁有土地和先進設備的公司，也有可能因為時代的變遷而一夕之間破產或倒閉，我自己也是工作狂，所以很不願意看到這樣的事一再發生。

現在風潮席捲全球的Google以及微軟等知名企業，其創始者也不是一開始就擁有大筆創業資金，他們都是因為擁有所謂的「知識能力」，進而稱霸世界。

而這樣的現象未來一定會更趨明顯，也就是「擁有知識者」才能在社會上獲得成功機會，就連「網路族」彼此之間也都是以「知識」多寡來一決勝負。

本書出版的唯一目的，就是要讓參加資格考試與入學測驗的人們學習「以最短時間達到目標的方法」，另外也特別針對沒有特定目標，只想增廣自身知識以達工作充實發揮的社會人士，列出多項的技巧以供參考。

說了那麼多大話的我，也不是在每次念書時都能達到很好的效果，老實說出了社會後，我也很少從書上學習並實行新的讀書方法，所以時常陷於理想與現實間的縫隙，有時甚至變得自我厭惡。

各位讀者，試問您是否在看了許多「讀書方法的書」以及「自我啟發書籍」後，產生一股「我一定做得到！」的優越感，但事後想想，卻覺得書中的理論實行起來對讀書效果沒什麼顯著提升，而感到後悔的經驗呢？

這絕對不是各位的責任。所謂的讀書方法，特別是介紹「社會人士讀書法」的書籍，分為兩大類。

一種是「閱讀書報」、「打造自己的書房」以及「利用通勤時間」……，把重點放在日常生活的習慣、態度上，但這樣的書籍中並未具體介紹如何準備資格考試以及其他測驗的方法。

另一種則是針對特定資格考試及入學考的攻略法，或是某人的親身體驗，對其他方面的讀書方法沒有多所著墨。

當然也有居於二者之間的書籍，但只要看了作者的經歷，就可以大概猜出此書的重點及程度範圍（一般來說，顧問等人的著書大多為前者，而學校、補教界教師則多為後者）。

通常在內容偏向前者的書籍中，雖然大多都會提到面對考試時應有的心態調整，但並不一定能具體告訴讀者到底該怎麼做，而後者只偏重於特定資格考試或是入學考試的讀書方法。

有鑑於此，本書內容不僅針對社會人士應付各種資格考試的狀況，還介紹了學生應該如何準備入學考試的方法，並儘量以大腦科學與心理學角度作為理論基礎，好讓讀者們能更詳細清楚理解我所想要表達的所有內容。

喚醒沉睡的大腦！

看完我的說明，或許會有讀者提出質疑：「為什麼你能這麼有自信地述說這一切？」如上所述，我所提出的讀書方法是透過我自身經歷的大學入學考試、司法考試以及分秒必爭的律師實務工作中的經驗累積，再以大腦科學及心理學為中心理論所確立發展的、屬於我自己的讀書方法。小女也在她的中學入學考試中確實應用此方法，獲得合格成績，而這個經驗也集結成我的其他著作，以「中學考試讀書法」為主的《中學考試聖經》，有不少考生採用我們父女倆創造出的親子讀書法，順利通過中學入學考試。

我的方法不僅有所根據，也有以我和小女親自實證的例子，亦伴隨許多其他的實際成績，因此我敢斷言，**這本書中提到的，不管是資格考試或中學入學考試，以及和其他考試有關的讀書方法，對一般大眾來說都具有普遍性及確實可行性。**

之前也有提過，我平常是不加班的，而且也和一般人一樣有週休二日的假期，雖然從事分秒必爭的律師工作，還是能以一般律師完成工作速度的十倍來解決客戶問題，雖然過著這樣充實的生活，我還是持續的不斷學習新事物。總而言之，就算平常要工作，只要巧妙地管理、運用自己的時間，在兼顧工作、保有收入來源之餘，也能更加充實自己的知識面和工作技能，在此書中我也以自身經歷來驗證這個道理。

而且本書介紹的讀書方法在實行上，完全不需再額外花多餘的金錢，為了順應讀者們的生活方式，有許多能自我調整的空間，也就是說，這本書提供讀者想要向上提升「知識力」的基本方法，如能加上自己的應用，找出屬於自己的讀書方法，對於結果來說會更有效率。

我在書中提供廣大範圍的材料，有中學考試、大學考試以及司法考試，再加上從事律師的實務經驗，基本上就是想強調這樣的方法「對各方面的學習都有幫助」。

老實說，以前的我不認為所有的知識都有用，我高中時對數學和生物等科目的學習抱有質疑，總覺得這些對將來一點幫助也沒有，頂多只是為了通過考試才去讀。

但是當我出社會後，在銀行及投資公司工作，到後來成為律師累積了社會經驗，我的想法開始有了改變，我意識到以前在學校學習的一切都是有用的知識。

特別是數學，我以前總傲慢地認為這是對工作的人來說最無意義的一門科目，但這個想法卻在後來有了一百八十度的翻轉，不僅在金融和經濟學的領域上需要常常使用數學公式，在美國的法律學科亦有發展成熟的「法律與經濟學」領域，所謂的個體經濟學[1]知識（微積分等數學知識）就是其中的必備學科之一，雖然日本的法律解釋學還沒達到那樣的階段，但還是需要用到數學來為論理佐證。

如此一來便可發現，為了應付考試所學習的知識，和工作或自我啟發習得的知識並沒有太大差異。這些知識具有連續性，且同樣是在「知識」這個大範圍裡。

雖說現今的社會如此，在不久後的將來也不會有太大改變，**懂得以「知識」武裝自己並善加利用的人，才有能力在社會上占有一席之地**，擁有知識的人，或許只要給他一台電腦，他就有可能成為百萬富豪。

這和性別、年齡、職業都無關，只要好好運用知識的力量，成功的大門一定會開

[1] 個體經濟學（Microeconomics）：有時也被稱為價格理論（Price Theory），主要研究個體消費者、企業，或者產業的經濟行為，及其生產和收入分配；而總體經濟學（Macroeconomics），是使用國民收入、經濟整體的投資和消費等總體性的統計概念來分析經濟運行規律的一個經濟學領域。總體經濟學是相對於古典的個體經濟學而言的。

啟。雖然這個社會上越來越注重人的階級差別，在人們的貧富差距日漸擴大的趨勢之下，能否在社會上生存的最大因素就是知識的有無和程度的差別。

本書之所以能順利出版，要感謝一直鼓勵我出書的日本講談社商業出版部的唐澤曉久部長，還要謝謝協助我之前純粹想寫作而完成《男與女的法律戰略》一書的責任編輯廣部潤先生，我也由衷希望購買這本書的讀者們，都能藉此書來活化沉睡已久的大腦，並成為擁有知識的致勝者。

第1篇

如何激起動機開始學習

準則 1

準備一本內容涵括所有情報的基礎書

首先由讀書中最講究的「閱讀」開始說明。

但本書說明的是如何讀教科書的方法，因為興趣而閱讀喜歡的小說和雜誌時，就不需要參考這種讀書方法。

先選擇「內容分量少」、「閱讀容易」的書籍

做什麼事都一樣，只要一開始掌握大方向，就算是踏出成功的第一步。

舉個例來說，經常出現在資格考試中的「民法」，雖然隨著考試的差異內容有些許不同，但不論是怎樣的考試，剛開始還是要先讀幾本民法入門的書籍。就大學入學考試來說，雖然英文文法和世界史占有一定分量的考題，但各個大學都有其著重處，考生不得不知這些重點所在。

因此在讀有一定分量的科目時，有一個重點需要掌握，就是「選擇內容分量少，能在短時間內快速看完且簡單易懂的入門書籍」。

所謂的「內容分量少」且「閱讀容易」的入門書，感覺好像隨處可見，但實際上好的入門書並不那麼多。對入門書的作者來說，因為篇幅的侷限，內容往往只有「骨幹」，想當然耳讀起來是枯燥無味的，而另一方面，為了讓讀者容易了解，添加許多具體實例，這樣一來又會陷入內容繁多的窘境。

當您買了一本薄薄的《○○入門》閱讀後，對內容摸不著頭緒，就會開始討厭那個科目，進而興起放棄考試的念頭——我想有這樣經驗的人應該不在少數。

但如果是「部分內容簡單易懂的入門書」，只要有心找並不會太難入手，只要好好利用幾本這類書籍的內容，對於掌握一個學科領域的大略內容來說，這樣的前置作業已經很足夠。近年來，增加重點試題內容幅度，降低不重要處的篇幅，以讀者立場為出發點的入門書籍數量大幅成長。

具體來說，各個學校或補習班自己出版的入門書中就有這種好用的書籍，就算是經濟學這種困難的金融理論領域，也有不少內容容易理解的教科書。

在短時間內來回多次閱讀的驚人效果

遇到分量較多的科目時，要選擇適合自己的「分量少、內容易理解的入門書籍」，並不斷地閱讀，也就是要從頭到尾多看幾次內容。

內容較少的入門書籍至少要看過三遍，最好是看過五遍，在一個星期內以此為目標努力，遇到不懂的地方就先跳過沒關係。

只要在短時間將內容看過三遍，一開始不懂先跳過的部分，幾乎都能在之後理解，這麼一來，就算不太了解此科目的全部內容，也能將部分內容儲存在大腦裡。

對於內容少的書籍，不用管不懂的部分，而要以多讀幾次內容為第一考量。但這其中又有「多次閱讀同一本入門書」以及「閱讀多本同程度的入門書」這二種方式。

要採取哪種方式可依個人喜好選擇，但如果是屬於入門書籍豐富的領域，一般來說閱讀多本入門書會有比較顯著的效果呈現。

就算是很好的入門書籍也會有所疏漏，不可能從中得到所有資訊，因為作者一定有在行和不在行的領域，所以我們在閱讀的同時，一定會有能理解和完全摸不著頭緒的部分，在讀同一科目時，就算一開始讀的那本書有不懂的部分，也有可能在其他書裡獲得解答。

總之，至少要閱讀三本分量少的入門書，跳過不懂的地方也沒關係，首要之務是大量閱讀。以我的經驗來說，遇到不懂的部分，我通常會怪罪作者，所以就算看不懂也完全不用在意。

這種「快速來回閱讀」的方式會在之後的讀書進度呈現出絕大的效果。

不能小看記載他人成功經驗的書籍

結束入門書籍的階段後，接著要選擇一本「自己的基礎書」，也就是準備「集結此科目大成」的書籍。

在面對考試時一切都是以方便為優先，不論是大學入學考試或是各種資格考試，各個科目一定有幾本具有一定風評的教科書，從這種標準教科書中，可選擇適合自己或是合乎學校出題範圍的幾本書。

或許有時我們並不想和其他人一樣選擇同一本書，因而挑了比較少人用的書籍，但這並不是件好事，如果純粹為了興趣而讀是沒有影響，但若是有關考試合格與否或是以得高分（如TOEIC[1]）為目標，想要和大家做不一樣的事，期望最終有個情勢大逆轉，這完全是不必要的做法。以合格與否來決定的考試，只要成為合格者即可；以分數門檻決定入選與否的考試，到達其分數標準值即可，用太多冒險的方法，只會讓他人贏得容易，自己卻落入危險區。

那麼在選擇專業教科書時，到底要以怎樣內容的書籍為借鑑，作為自己的基礎書呢？首先，要好好利用他人的成功經驗，或排名在前的預備學校[2]和補習班所提供的情報，以及刊登第一手考試資訊的書刊。

其中絕對不能小看的就是他人的成功經驗談，最近確實有不少耳語說，這些內容大多是預備學校自己在幕後出版的。其實不只現在，早在我參加司法考試時，就有傳聞這一類書籍都是由預備學校再加工的內容，但仔細想想，合格者會在書中對其有所照顧的預備學校較多著墨是理所當然。從另外一個角度來看，這一類的經驗談中有對我們有用的豐富情報，內容也藏有「合格的關鍵」。

我在開始準備司法考試時，購買了過去三年內，他人的成功經驗談書籍，並熟讀其中的內容，也會特別注意短時間合格者的經驗談，並參照其內容來選擇教科書。

此外，**把這類的書籍放在自己隨手可及之處，讀書遇到瓶頸時就拿起來翻一翻，看一看內容來動腦思考，訓練自己養成常翻書的習慣**。雖然要常常拿經驗談書籍來翻閱，但隨著自己的學習狀況和進度，對這類書籍的閱讀方式也要做適度的改變。

以大學入學考試來說，「暑假時的準備方法」與「考試前的準備方法」就有相當大的差異，若是在暑假期間讀這類書籍，就會集中精神去注意作者暑假期間怎麼準備，因為就算此時去讀和考前如何準備有關的內容，到時也一定會忘記，所以一般來說只要在接近考試前再去閱讀這一部分即可。

因此一定要購買幾本成功經驗談的書籍，放置在顯眼處，經常翻閱就會發現其中收錄許多如何選擇「基礎書」的情報。

將所有情報寫在基礎書的空白處

在選擇完自己的基礎書後，接下來要進行的就是「將有益情報集中」的工作。

我在準備司法考試時，曾經聽過人稱律師、會計師、翻譯「資格三冠王」的黑川

1 TOEIC：多益TOEIC（Test of English for International Communication）是針對英語非母語人士所設計的英語能力測驗，測驗內容以日常使用的英語為主，是以職業環境為基準的英語能力測驗，有「商業托福」之稱，每個月舉行一次測驗。

2 預備學校：日本針對各種考試，提供知識和情報的商業行為教學機構，大多數都還能在取得合格後繼續提供必要的情報知識。

康正先生的演講，那時黑川先生針對刑法的準備方法做了說明，談到自己的經驗是會將司法考試中，刑法總則的考古題，全部記載在《刑法總則》教科書上的空白處。

因此在黑川先生的刑法總則教科書中，雖然「共犯」那一章只寫出全部內容的三分之一，但一眼看去完全是黑壓壓的一片，而他也是在邊看教科書的同時告訴我們這個小訣竅。

黑川先生想表達的重點是：「考試會出題的地方都是固定的幾個部分，所以要加強那些部分，跳過不會考的部分。」

就我自己來說，參加大學考試時也是這樣，我報考的東京大學文科並不用了解社會這一科目的枝微末節，但對早稻田大學政治經濟學部的入學考試來說，卻需要讀通這科目更細微的部分，因為有著這樣的考量，我在早稻田大學政治經濟學部的入學考試中，選擇報考科目是數學而不是社會。

黑川先生所說的是非常有啟發性的部分，特別是「在教科書空白處寫下過去的考古題」，這一點是非常合理的方法論。

而我自己也仿照黑川先生提供的方式去做，但是我不只將考古題記錄下來，也把在其他教科書或練習題上看到並認為是重點的部分，以及從模擬考中獲得而基礎書上有疏漏的情報都一一在書的空白處寫下。

因此，**只要將所有資訊集中在一本書上，就可避免看到某個題目，有印象卻還要到處翻書來回找尋的情況，所有你想得到的題目或重點都可以在一本書上找到。**

這樣一來節省了許多時間，所以我十分推薦大家這樣的做法。

另外，從其他參考書籍節錄下來的重點或題目要標明出處，這樣使用起來也會更加方便。

以憲法這一科目來說，若是從蘆部信喜教授（憲法學有名學者）的知名著作《演習憲法》第三十頁記載下來，就標記為「蘆演30」，如此一來讀到這個部分時，就可輕易得知出處找到資料來源。

歸納讀書法的絕大功效

閱讀基礎書的方法大略分為二種。

第一種是照著書籍編排的順序，跟著書上的理論說明來讀，我稱它為「演繹讀書法」，像是數學的解題就需要好幾個理論配合才能得到答案，是順著教科書上理論先後的讀書方式。

其實大多數的考生都是這樣讀教科書，而且演繹讀書法不只能從書的一開始讀，也可以從第二章或第三章開始，從中間章節照順序往下讀也是所謂的演繹讀書法。

另外一種就是考生容易忘記而忽略去做的「歸納讀書法」，也就是「解題或複習模擬考試題時，要和基礎書上的章節內容做聯結」的讀書法，將試題與考試和基礎書有關聯處找出，是屬於加強理解力和記憶力的讀書方法。（這裡所指的「演繹」、「歸納」只是表現狀態的形容詞，有別於理論學中的「演繹法」、「歸納法」。）

而我想強力建議各位去實行的就是這個「歸納讀書法」。

考生常常認為「解題時只要得到解答和看完解答說明就結束了」，或是「考完模擬考後頂多只看解題說明」，只這樣做是很可惜的。

在解題時，就算最後得到正確解答，多少還是有不清楚及不甚了解的地方，這時一定要再去翻翻基礎書的說明，這就是所謂回歸基礎書內容的「歸納讀書法」。

如果基礎書內容已經很完整，但在答題上還是有困難的話，就是沒讀熟基礎書；

基礎書內本來就沒提到這些的話，就可以把這個題目當作新的情報寫入基礎書。

像這樣將所有情報都集中在基礎書上的做法，會產生以下幾種顯著效果：

①只要翻開基礎書，腦袋裡自然而然會浮現整體的內容結構。特別是重點部分，因為常常翻閱，會加深大腦的記憶程度。

②因為有「全部資訊都集中在一本書上」的安全感，會產生「只要在考前讀完這一本即可」的想法，這對喚醒記憶很有用。真正的考試不像模擬考那樣有出題範圍，但只要在考前一天把內容都看過一次，就有利於上考場應試。

③因為歸納出不同出處的各項資料，更能深入地抽絲剝繭，理解每一個題目的意義。

也可以將需要反覆讀熟的重點，如同標記情報出處這樣的做法，運用於「歸納讀書法」。

如此一來，可將基礎書當作字典來使用，和平常只是念過去的讀書方式相比，能更深入了解內容的菁華之處。**藉由不斷翻閱，完成某科目或領域專屬於自己，像聖經一樣珍貴的書籍。**

準則2

選擇輔助學習道具時要實用與外型並重

近年來坊間出現了不少標榜能提升讀書效果的道具和用品。

其中也不乏怪異產品，若是買到了所謂的「黑心不實商品」，那可是會賠了夫人又折兵，但也有那種看起來對自己沒多大幫助，對他人卻有絕大功效的物品存在。

一般人在購買價格較高的物品時會感到猶豫，因為我們並不像有錢人一樣有多餘的金錢花費，那麼我們到底要以怎樣的標準來挑選輔助學習的道具呢？

我在選擇這類物品的條件是：①價格在自己能力容許的負擔範圍內；②在一定時間內有自信不會厭倦且持續使用；③就算沒達到預期效果，在小沮喪後即能重拾心情振作——總之，有符合上述三點的產品出現，我就會去買來使用看看。

此章節將以我個人對於輔助學習道具的見解為主做說明，也詳細介紹我實際使用過的學習道具。

二大種類的輔助學習道具

首先要記住輔助學習道具主要分為二種，「必備的學習道具」以及「非必備的學習道具」。

簡單來說，前者是屬於「專為學習而存在的產品」，後者則是「不光只為了學習而存在的產品」。

以下就此二種類產品做詳細說明。

(1)必備的學習道具

最典型的例子就是筆記本以及文具用品，因為不管是哪種考試都需要用到筆記本以及文具用品。

那麼要如何在為數眾多的產品中做選擇呢？我的選擇方針是「必要的學習道具注重的是實用性而非外型」，具體來說「拿起來輕巧」、「寫得順手」以及「就算變得殘破不堪也不心疼」為選擇重點，以下就針對各式物品，詳加介紹在選擇時要注意的事項與挑選訣竅。

【提包】

提包在選擇上儘量以「輕巧堅固的材質與內容量大」為優先，我以前都為了外型佳而使用皮革公事包，但拿起來很重，就機能面來說也不怎麼高（雖然對律師來說還滿能襯托出律師氣習）。現在我大多使用質地輕薄堅固，內部容易收納整理的雅男士（**ARAMIS**）促銷包。

以前還是考生時也經常使用質地輕巧的提包，這種提包非常實用，就算物品很多也放得進去，因為提包本身重量很輕，長時間提著走路也不會感覺到疲憊。

選購提包的重要性從高到低分別為：①提包本身的重量、②堅固耐用性、③能收納必要學習道具的足夠空間、④內部的分類空間是否好用、⑤外型設計，若是時常以汽車或機車行動者，提包本身的重量這點相對而言就不是那麼重要了。

【螢光筆】

螢光筆是在文具店就可輕易購買到的物品，就因為容易購買才要特別講究，建議各位選用最知名的品牌。順帶一提，我所使用的螢光筆是三菱製筆公司的產品，同時有粗筆和細筆二合一的螢光筆。

之所以那麼強調它的「便利取得性」，是因為這一類東西在學習過程中屬於消耗品，用完了隨時都可以再去購買，這在學習過程中是很重要的一點。

不同公司生產的螢光筆顏色多少會有些差異，因此在教科書上進行「顏色分類」（之後會再詳述，也是實用技巧之一）時，若使用其他公司的產品，不但會改變原有螢光筆的顏色，之後再翻開教科書，也會產生不和諧感，最糟的狀況是搞混顏色所代表的意義，這麼一來，花心思去做「顏色分類」就失去其存在的重要性了。

另外，顯眼的顏色也更能吸引學習者的注意。

【筆記本】

基本上我都只把筆記本當作備忘錄使用，因為所有重要事項的原則都已經全部寫在教科書（基礎書）上了。

現在我使用的是RHODIA的B5大小活頁紙，比傳統筆記本更輕，也可輕鬆撕下我喜歡的部分。

從「將內容隨手寫在筆記上」到「將筆記重點轉寫到教科書上」的龐大作業過程中，首先要在課堂上做筆記，複習時再將筆記內容的重要部分寫在教科書上。也就是說，筆記最多只是轉記重點到教科書上的中間橋樑，因此筆記本的挑選以「使用方便」為第一優先。

如果無法將筆記內容寫至教科書，那就將筆記直接貼在書上，碰到這種情況，我通常使用同公司出產的小記事本大小的筆記紙，但也不至於有那麼多的資訊非要貼在書上，為求安心我會將筆記帶在身上。

另外，我們也常看到有人使用大張的便利貼，如果只是短時間內提醒自己那倒沒關係，但我不建議各位在教科書上使用這樣的產品作為補充資料，**因為便利貼容易脫落遺失或轉黏到其他地方，容易搞錯補充資料的正確位置**。

最好將便利貼當作是一時的提醒，或是提醒自己注意某頁的工具來使用。

【資料夾】

準備幾個三十孔的Ａ４資料夾是非常有用的，因為不論準備怎樣的考試，「資料收納整理」都是很惱人的，相信大部分讀者也都有「影印資料到底要放在哪裡」的疑問，常常在煩惱過後隨手放在桌上，但要使用時又找不到，浪費許多不必要的時間。

準備好資料夾後，我參考了野口悠紀雄先生（早稻田大學研究所教授）所寫的

《超級整理法》，把教材和資料依照時間前後整理、放進A4大小的資料夾。要使用時只要拿出資料夾，因為是以時間編排順序，不僅能快速搜尋到需要的資料，以收納面來看更為輕鬆簡單。

若是購買二孔資料夾，要特別注意，收納張數太多，很有可能脫落（我自己有過這樣的經驗），所以還是建議大家選購三十孔的資料夾。

【文具用品】

之前曾提過選購螢光筆是以「容易購買」為優先，但是文具用品就要非常講究了，**特別是應試和模擬考時使用的文具更是要慎選**。

若是以答案卡作答的考試，就要選用塗改順暢的2B鉛筆，保持答案卡的整體乾淨，若是畫卡錯誤也能迅速更改，節省過長的塗改次數換來更充裕的作答時間，而絕大多數需要論述作答的考試，更是以「能否在時間內儘快作答完畢」為上榜與否的一大關鍵。

我在司法考試中分數占有一定比例的申論題作答上，也特別注意這一點，所謂的申論題考試是指一個科目要在兩小時內完成兩份八頁的作答，而且有很多時候是一天應考三科，所以要在一天內答完六份八頁試題紙的申論題。

如何在不疲憊的狀況下字體整齊地完成作答，就足以左右考試的成功與否。但不幸的是我因為小學時候和損友（因為當時吃了不少苦所以還記得他姓藤田）學了錯誤的握筆方式，寫字的速度比起一般人要慢了一倍，因此我一直在尋找可以儘快讓我作答完成的文具用品。

不斷購買文具在模擬考時使用，有新產品推出我也會買來試試，在這樣反覆多次的失敗經驗後，我終於找到適合自己的原子筆，平常也都會準備個三十支備用，外出時則會攜帶五支左右。

我之所以能在司法考試的申論題上得到好成績，或許有一部分該歸功於我平常精心挑選的原子筆。

順帶一提，我在參加大學入學考試時，為了讓閱卷者能好好看清楚我的作答內容，攜帶了約一打削好的深黑色鉛筆應考，為的就是要把字寫好、寫整齊。

我體認到了作答測驗就是以答案內容來決定成績合格與否，作答者的個性、背景或是和考試沒有關聯的知識等因素，完全不會對考試結果造成任何影響，所以才會對考試時使用的文具這麼神經質地講究。

以上為「必備學習道具」的說明。

談了那麼多以機能性為選擇的第一優先考量，但「時髦性」也是不容忽略的。一個產品若具備機能面，再加上些許的潮流感，更能激發出讀書的衝勁。

像是檔案夾或是記事本等物品只要具備一定功能，可以選擇自己喜歡的品牌；鉛筆那樣的小東西，可以在購買時選擇價格稍高的，在使用的同時心情也會比較愉快與積極，也可以說在讀書的同時，無意間享受到小小奢侈感！

(2)非必備的學習道具

我之所以會稱這些物品是「非必備的學習道具」，是因為它們並不是專門為了學習而使用的輔助道具，像是攜帶式播放器、錄音機、卡帶式收音機等這一類的產品。

建議各位不要拘泥其用處，不妨多多在學習這方面好好利用這些物品。

例如事先將要背誦的部分錄到攜帶式播放器，邊散步邊聽，對大腦的記憶很有效果。另外同樣將Q＆A問答錄到卡帶式收音機，在出門搭車移動時聽也非常有效果；因為念書而感到眼睛疲勞或精神不濟時，以倍速播放來刺激大腦運作，反而能更快速地記憶。

接下來就更進一步針對這類物品做具體說明。

【錄音播放器】

現在不僅有卡帶式錄音機，其他像是CD或數位錄音機也都很盛行，所以只要選擇有錄音功能的工具，其他功能細節就依自己需要來做選購。

錄音機的主要功能是用來錄下需記憶的重點，或是請友人幫忙錄下Q&A問答，為的就是在之後的移動等空閒時間播放使用。

近年來，有許多已錄製好的學習內容CD在販賣，也有不少內容是專為親子或讀書同伴使用的Q&A問答。因此若不將自己原創內容完整錄製下來，是非常可惜的，裡頭難免會錄下親子或友人間的對談及應對反應，在彼此的笑聲中亦能悄悄地將內容儲存到大腦裡。

另外，小女在中學入學考試時，使用了新力（Sony）生產、可以倍數播放的錄音機，在學習上得到不錯的效果。

具體做法是由我事先將女兒教材中的重點錄音下來，也將我和女兒間的Q&A問答以卡帶錄音，在接送她到補習班的途中反覆播放，兩人邊笑邊聽，我也在她因為讀書疲累休息時，以倍速播放錄音內容給她聽，讓她在休息時也能促進大腦活動。

我在念經濟學時，也購買了含課程內容的錄音帶，先以普通速率聽過一遍，第二次再以倍速播放，這麼做不但可以節省時間還能活化大腦。

【攜帶式播放器】

只有待在房間裡才「邊聽邊學」是無法發揮最大效果的，要利用「攜帶式播放器」，在外行動時也確實地「邊聽邊學」。

iPod等攜帶式播放器，已經不單單只是用來聆聽音樂的工具，甚至也可以說是「學習必備用具」。不光是語言的學習，近年來在其他領域也有不少附贈有聲CD的書籍。

將CD內容複製到攜帶式播放器，養成上班上學通勤時的「聽學習慣」，相信會得到不錯的效果，因為在移動的途中，視覺上看到的風景與聽覺上聽到的學習內容，會自然而然在腦中做出連結，對大腦的記憶非常有效率。

以上所述絕不是僅以我自身經驗為根據做出的結論，我是摘錄大腦研究學者——板倉徹教授（和歌山縣立醫科腦神經外科）所提出的：「比起只以聽覺對大腦輸入情報，伴隨視覺與聽覺同時行動更能活化大腦，也更加有效率。」

實際上在我準備司法考試，需要出門移動的時候，都會利用卡帶式隨身聽來聽上課內容，有時還為了想要邊走邊聽，特地出門散步，最後也得到卓越的效果，而事實上司法考試科目的教學老師我有一半都不認得（也就是說，我有很多科目是只聽教材而沒去上課……）。

【氧氣】

最近在知名便利商店可購買到「氧氣罐」，我首先注意到氧氣的重要性是在我第一次司法考試的申論題考試時，因為氧氣是大腦的「營養來源」，我想藉用氧氣讓我在申論題考試時能過關斬將，所以在應考時攜帶氧氣罐到考場。我記得這項產品在當時沒受到多大注目，很幸運的當時售價並不高。

小女在準備中學考試時，使用了松下電器出產的「氧氣轉換器」，讀書疲憊時就吸幾口氧氣，稍微閉眼休息，等到因在學校念書時所致的疲勞消除之後，再繼續念書。我在寫這本書的同時也使用氧氣轉換器來消除疲勞。

【葡萄糖】

葡萄糖也是使大腦活化的營養來源，經常地攝取能更加提升學習效果。每個人的偏好都有不同，我自己時常攜帶長條顆粒狀的葡萄糖棒，也在桌子上的罐子裡放幾顆巧克力備用。

糖分不只是大腦的營養源，還能使大腦分泌「血清素」，對於不安及焦慮的抑制很具效果，建議大家要定時補充糖分。

【速讀軟體】

如果有許多必須讀完的書，閱讀速度就顯得很重要，當然所謂的快速閱讀並不是不經思考直接把內容讀完，是要「了解並記起內容，以某種程度上的速度閱讀」，而能幫助我們訓練這個能力的工具就是速讀軟體。

從以前到現在，我使用過許多速讀軟體，就使用後的感想來說，我認為還是有必要去嘗試看看。

所有的速讀軟體內容都大同小異，一開始都有基礎的眼球訓練，可以有效率地加快眼球的轉動速度，而我本身的速讀能力，也多多少少是因為有了速讀軟體的訓練加持所致。

小女在準備中學考試時，我也讓她在每天早上開始讀書前，接受速讀軟體的基礎訓練，而她之所以能在每次模擬考中，國文都保持最穩定的分數，我想也是因為這樣訓練帶來的幫助。

雖然速讀和念書成果並沒有詳細的證據能證明其中因果關係，但就我和女兒使用過後的感想而言，速讀軟體還是具有一定的效果，最近市面上也有許多便宜的軟體推出，推薦大家能去購買嘗試。

【冥想CD】

從以前到現在，我使用過許多的冥想CD，所謂的冥想CD是指在播放時隨著裡頭的旁白、音樂放鬆身體肌肉，促使心情平靜，不做任何思考，幫助大腦完全放空的道具，市面上販賣各式各樣這一類的CD，對我而言大部分的CD都還是有它一定的效果存在。

覺得非常疲累的時候，以放鬆的姿勢聆聽冥想CD，可以消除疲勞；稍微感到疲倦時，也可以閉上眼睛聽個十多分鐘，達到轉換心情的效果。另外，若對人際關係焦躁不安、心情低落時，聽一聽這樣的CD，對穩定情緒也相當有幫助。

只要將冥想CD內容存入攜帶式播放器，戴上耳機聆聽，很容易就能達到轉換心情、消除疲勞以及穩定精神狀態的作用。

【能源燈】

我有購買一種如同太陽光照射感，而且能趕走瞌睡蟲，提高專注力的菲力浦能源燈，我自己也試驗過此產品對於專注力是否有幫助。我在起床後的二十分鐘內，以近距離照射能源燈，得到的結論是，使用這個產品確實能讓自己儘快地清醒過來。

不只F1賽車隊，也有許多人利用這種能源燈調整時差，在「改變夜型人為晨型人」以及「冬天起床時使用」，更能顯現效果。但這項產品若能增加階段式亮度調節，以及內建定時設計這二項便利功能會更好。

以上就是幾種我所推薦使用的「非必備的學習道具」。

太執著於道具導致反效果

現在的文具用品不斷地推陳出新。

因此只要能儘早掌握這類商品的第一手發行情報，提高學習效果，就能早日達到目標，重要的是密切注意是否有實用產品推出。

我本身會定期購買雜誌，很快地看過需注意的地方，接下來會在網路上搜尋，再一次確認細節，不要因為衝動而購物，如果有決定要購買的商品，稍微等個幾天，到確定要買時才行動。

此章節針對「讀書輔助道具」，舉了不少實例來介紹，我有自信每一個介紹的學習道具都能對各位讀者有很大的幫助。

但由於我對ＩＴ技術方面並不是那麼地了解，所以這一個領域方面應該還有不少能使用在學習上的道具才是。

這裡需要特別注意的是：「不要花太多時間準備這些道具」以及「不要太執著於道具細節」（不論是「必備學習道具」或是「非必備的學習道具」皆是如此）。

不管使用多麼先進流行的產品，都不要花太多無謂的手續及時間在準備，絕對不能產生「只要準備好這些就算念好書」的錯覺，這樣就是所謂的「本末倒置」了。

準則3

找到提升效果的學習好夥伴

不論是中學、大學入學考試，抑或是出社會後的資格考試，「擁有一起念書的好夥伴」是成功不可或缺的必要因素之一。資質一般的考生，若能和讀書夥伴相互學習與打氣，彼此最後都有可能順利上榜；但天才考生卻有可能被不好的夥伴影響，最後以落榜收場。

這個章節就是針對「擁有念書夥伴的重要性」來做深入說明。

自由貿易是指雙方均能獲利的合作關係

「什麼？自由貿易？經濟學的話題？」或許有不少人看了標題會有這樣的想法，事實上這個法則和讀書效果有著非常密切的關聯。

「自由貿易是指雙方均能獲利的合作關係」，這雖是微觀經濟學的常識之一，但很可惜的是，我國的行政系統上，因為受到官僚控制而過度保護，一點都沒有把這種經濟學的基礎常識當成一回事（當中或許還有人聽到「自由貿易」四個字後，會表現出抗拒反應也說不定）。

因此，接下來就「自由貿易是指雙方均能獲利的合作關係」簡單地說明。

舉個具體的例子來說，先想像有A國與B國存在。

A國一天可以由一百人製造出十輛汽車，同時還有另外一百人可生產五噸的小麥。如果完全不和他國進行貿易，A國的兩百人只能生產出十輛汽車和五噸小麥。

另一方面，想像B國一天可以由一百人製造出五輛汽車，同時還有另外一百人可生產十噸的小麥。

接著，A國與B國開始進行貿易活動。

此時擅長製造車輛的A國就可以專心生產汽車，而B國則能全心種植小麥，如此一來，A國一天就有兩百人能生產二十輛汽車，B國一天則有兩百人生產二十噸小麥，兩國合計起來一天共有四百人可生產出二十輛汽車和二十噸小麥。

在A國與B國未進行貿易前，兩國總計共四百人能生產十五輛汽車和十五噸小麥，也就是說，因為兩方進行貿易，使得汽車產量多了五輛，小麥產量也多了五噸，對兩國而言，絕對利益[1]（absolute advantage）增加了。

律師為何會僱用速度慢的打字員

接著讓我們來思考一下應用問題。

A國還是一樣，一天有一百人製造出十輛汽車，同時還有另外一百人可生產五噸的小麥，沒有B國，但有C國存在，假定C國一天有一百人製造出五輛汽車，同時還有另外一百人生產四噸的小麥。

在這個情況下，A國和小麥與車輛生產能力均低的C國進行貿易的話，是否還能獲利呢？

就結論而言，在這樣的情況下進行貿易，雙方都還是能獲利。

如果讓A國的兩百人都專心地生產汽車，一天可製造出二十輛車；而C國的兩百人都去種植小麥，一天則可生產八噸的小麥。兩國合計一天生產二十輛汽車，以及八噸的小麥。

在兩國未進行貿易前，合計生產量為一天十五輛汽車和九噸的小麥，因為貿易活動的進行，一天增加了五輛汽車產量，卻減少了一噸的小麥產量。但由於一般來說，比起一噸小麥的價格，五輛汽車的價格絕對是比較高的，所以就算是在這樣的狀況之下，絕對利益還是增加。

這就是所謂的「比較利益原則」（comparative advantage）[2]，經濟學的書中經常為了解釋這個道理，以「一小時能賺一百美金的律師，為什麼還要特地以時薪十元美金，僱用一個打字比自己慢的打字員」這樣的例子來做說明。

我們不討論如果律師打字速度比打字員快十倍的情形，如果只快了打字員兩倍，律師把打字時間用來專心處理案件還比較划算，因為律師自己打字六分鐘，會少賺十美金，但若將同分量的打字工作交給打字員，十二分鐘後，律師只需花費兩美金。

「讀書的自由貿易」效果無限

雖然一直談的都是經濟話題，但是這種「自由貿易所產生的效果」，絕對可以應用到讀書的範疇。

也就是說，**將念書夥伴看作是和自己進行貿易的人，藉由相互合作，補強彼此擅**

長或不擅長科目之不足，而且還能在此過程中，融合各自的教材重點，比獨自一人埋頭拚命苦讀還要來得更有效率。

假設對方每一科都比你的分數低也沒關係，只要彼此能交換情報，比自己從零開始蒐集情報都還要來得節省時間。

而且找到能一起念書的夥伴，可是比之前所述的自由貿易理論要來得更有效果，因為和讀書有關的情報或是學習內容，以經濟學角度來說不屬於「有限財」，也就是說，無論你將情報提供給誰，自己所知道的情報並不會因此減少；但就貿易關係的有限財來說，就必須算清收支（以剛才A國與C國進行貿易的例子來說，就是五輛汽車和一頓小麥的價格差），在讀書的貿易上，情報提供經常都是有加分作用的。

看完這樣的說明，或許會有這樣的想法：「雖然情報交換不會有物質上的損失，但卻會失去『告訴他人情報』的時間吧！」

1絕對利益：一個國家在所有商品的生產能力上都比另外一個國家要強，稱為絕對利益。
2比較利益原則：當甲與乙兩個生產國在進行生產時，會生產其相對較具效率與效益的商品。

這是個很好的反向想法。以下就這件事來說說我的看法。

所謂的讀書並不是被教導的一方才能獲得知識，實際上，**最有效果的讀書方法之一就是「教導他人」，因為教導他人的同時，自己的理解度以及記憶能力都能提升。**因此，對教導他人的一方來說，花費的時間成本相當少。

對讀書夥伴來說，只要得到某一方的教導，就能讓自己的學習效果快速地向上提升，所以一定要對教導方抱持感謝的心情。但如果教導方抱著：「這樣做是浪費時間」的想法，不僅會打破雙方提升利益的機會，尤其是時間不長的情形，這種狀況更明顯（所以不必一直詢問完全不懂的地方）。

知識和情報並不會因為告訴了誰而消失，反而會成為雙方的思緒整理及知識成長的營養源，因此「教導方與被教導方」的相互作用行為，對彼此能獲得的利益是無可限量的。

有別於一般數學補習班得到的寶貴學習心得

在考大學時，我最拿手的科目是數學，或許可歸功於當時數學補習班的獨特教學方式。

那個數學補習班加上我，學生人數共五～六人，當我到了補習班，發現每張書桌上都擺著印有五題左右試題的試卷紙，雖然那是給學生練習用的，但因為在解題時，都沒有老師走進來，我們只好一起討論如何解題，進而得到正確解答。

就這樣過了兩個小時左右，老師終於出現一一檢視大家的筆記。老師閱卷的重點並不在於答案正確與否，而是「導引出答案的解題過程」。

這個老師的口頭禪是：「請寫出讓原本連解題方法都不會的學生，看了之後能馬上理解的答案。」不管答案是對是錯，老師只確認解題過程就結束了。

雖然當時滿懷不安的我抱著：「只要這樣做就能學會數學嗎？」的想法，但現在回想起來，程度差不多的學生在兩小時內彼此腦力激盪，慢慢導出結論就是老師的目的吧！而我們這群讀書夥伴也確實在歷經多次的「互相幫忙」、「驕傲」與「失落感」的找尋答案過程中，使我們的數學實力提升不少。

這就是讀書夥伴間「相互合作＝相互學習」時，發揮極大效果的實際例子。

如果能和讀書夥伴建立起強而有力的合作關係，就能一步步朝向合格和高分的目標邁進。特別是口頭Q＆A問答、各種情報的交換以及資料流通等，看起來並不是那麼重要的相互合作，但經過長時間累積後，其影響力是足以左右成敗結果的。

在這裡要特別注意一點，就是在讀書夥伴中，或許有人會假裝是你的好夥伴，但其實在扯你後腿。如果和這種「假裝是夥伴的敵人」一起念書，只會一起墮落。尤其是在考生父母聚集的場所，聽說有的父母時常放出一些假消息和傳聞來混淆周圍視聽，如果誤認事實反而會花費時間和力氣去做一些對讀書來說毫無加分效果的事。

我常常提到：「相互合作會一起上榜，互扯後腿只會一起失敗。」也是基於這樣的背景之下有感而發的一番結論。

會「相互安慰的朋友」並不是適合一起念書的同伴

我當時非常罕見的在短時間內通過司法考試，而且我在預備學校的分數也都一直保持在前面。

我之所以能考上，除了每天持續努力苦讀十二小時以上，還要歸功於陪伴在旁支持我的讀書夥伴們。

那時候我從一個擁有公司營運經驗的上班族轉換跑道，準備司法考試，也因為之前的工作經驗，讓我得以在補習班和他人建立起良好的人際關係，結交許多良友。其中一些會每天和我一起去東大圖書館看書，我們在吃午餐時進行「Q&A問答」，彼此交換資訊，非常熱心地相互幫忙。

就這樣過了幾年，所有在圖書館一起打拚的戰友們都一一脫離苦讀行列，得到令人滿意的成果。

就結果來看可以說是非常有生產報酬率的一個團體。

但相反的，在司法考試的世界中，存在著許多會「相互安慰的同伴」。這些人在考試失敗後，不僅對法務部的運作方針提出批評，還會因為「考試題目奇怪」而感到生氣，總之就是喜歡為自己的失敗找尋正當理由的一群人。

在失敗時，我們的確會以「自己之所以落榜，不是沒有那個實力，而是法務部的出題對新進考生來說比較有利，如果是原來的出題方式，應該可以順利上榜」這樣的想法來自我安慰一番。

但這樣的做法只能在得知自己落榜的那一天做些補償安慰。

事實上，在我努力了十個月後，得知自己在申論題考試中落敗時，真是非常的失望與沮喪（理由是以我脫離上班族的這個年紀，就算只有十個月的時間，我還是有必須每天持續苦讀的自覺）。得知結果後我也曾抱著「合格名單有誤」這樣的想法，甚至還一度認真地去思考「說不定二～三天後，法務部就會寄出『合格名單遺漏』的通知給我」，還在夜裡來來回回地從法務部漫無目的地走到日比谷公園附近。

當時我在頭腦一片空白、無意識的狀態下走了二～三小時，但就在那段時間，我終於冷靜了下來，「在單選題考試（進入申論題考試前的第一道關卡）中不合格的夥伴們，老早就為了明年考試重新準備，我可以在今天繼續感嘆時運不濟，但明天若不重整旗鼓好好準備，就會遠遠落後他們」，腦子浮現這樣強烈的想法並積極地想去實行，於是隔天我立即前往預備學校參加他們舉辦的「捲土重來講座」。

每個人都會為落榜感到沮喪難過，那種失落感和你失敗過幾次沒有關係，每個人都有不同的情況需要面對，也有許多因人而異的壓力來源，像我當時的壓力來源就是「比起其他考生年紀稍長」這一點。

當我還是上班族，只要拿出名片，到哪裡都可以得到應有的對待，但自從成為全職司法考生，遇到需要說出或寫下職業的時候，都會不由得產生自卑感，只要想像這種情形還會持續到明年，就覺得自己像張廢紙一樣沒有存在價值。

但是若有再次接受挑戰的自覺，最好即早調整好自己的心態，要不然下次也有可能再次失敗。和不好的人成為朋友、批判試題不公或是在失敗時互舔傷口，更是荒謬無理。因為在你抱怨的同時，離下次考試的時間也越來越近了……。

這番道理當然也可以套用到大學入學考試，雖然在模擬考得到不好的分數時，會有想放棄的心情，但若不早日收拾失落心情振作起來，面對自己、分析失敗原因，只會朝希望考上的學校大門越來越遠。

要特別注意小心，千萬別掉入「互相安慰」這樣的甜蜜陷阱中。

戰友可以成為一輩子的朋友

我是從鄉下的無名高中考上東京大學，所以在大學裡並沒有可稱作「戰友」的念書同伴。

但是在準備司法考試時，我卻結交了很多的「戰友」。當上律師後，我最信任且在我因為生病倒下，發生緊急狀況時，對我伸出援手的，也是戰友的其中一人。對我來說，這是一輩子還不完的恩情，所以今天立場互換，我也一定會出手相助。

在司法研習所一起準備畢業考，以及一起實習的同窗也算是某種程度上的「戰友」，現在遇到困難時，我也會找他們商量或是互相交換情報。

透過讀書考試而培養出的關係，對之後的人生來說是非常寶貴的財產，**好的念書夥伴不只是通過考試的動力，對自己的人生來說也是非常重要的存在。**

相互合作則雙方受惠，相互鄙視就雙方失敗

在準備資格考試或入學考試時，擁有一起讀書的好夥伴絕對有加分效果。

但是在大人的世界裡，需要遵守應有禮儀，否則朋友們會漸漸離你而去，所以只要堅守「尊重對方的時間和立場，絕對不要強求他人」這樣的原則，維繫彼此關係並不是件困難的事。

在朋友慶祝吃飯喝酒的場合，不要阻擋想回家的人，也不要硬灌別人酒，至少要以「讀書夥伴」的立場為他人著想，要是因為這樣影響到隔天的讀書計畫就麻煩了，

如果沒有好好處理彼此間的關係，很容易招致他人的厭惡感。

只要注意這些小事情，且團體中的每個人都抱有「相互幫忙」的自覺，就一定能組織一個強而有力的「合作集團」。「相互合作則雙方受惠，相互鄙視就雙方失敗」這個觀念很重要，這是我在針對中學考試開設的部落格中，再三提到的不變原則。

專欄　快速學習法之基礎技巧 國文篇

現代文的破解法

以大學入學考試來說，國文這個科目包括「現代文」和「古典文」，而古典文又分為「古文」及「漢文」兩大部分。雖然都屬於國文這一科，但就如後所述，一定要明白一點，那就是現代文和古典文是完全不同的兩個科目，如果一開始就把二者混為一談就太可惜了。

首先介紹大學入學考試的國文讀書方法，這個方法對於中學入學考試也很實用。經常有「不懂現代文的讀書方法」、「讀國文是浪費時間」或是「就算讀再多的書還是不夠」等說法流傳，但這些觀念是錯誤的，現代文確實有它的破解法存在，如果能學好這樣技巧，是可以期待在這個科目穩當地得到高分。

老實說我在進入高三前，一直對現代文感到非常棘手，在鄉下的公立國中和高中生涯裡，滿分五分的現代文，我從來沒拿過五分。雖然我對數學很拿手，但現代文這一科卻是我的「天敵」，對高中三年級的我來說，它一直是個負擔。由於我的目標學校——東京大學文學部的入學考試科目中，相對於數學占了八十分，現代文占有一百二十分的極大比例。

因此我想盡辦法克服這一科的難關，終於讓我在考前的一個月，思考出一套攻略，讓我勉強擠上合格線……，也使得現代文轉變為我最大的得分來源。

以下就現代文的讀書法做一些重點式說明。

①大學入學考試中的現代文，不是在測試考生的讀書量及敏銳程度，因為僅僅一次的紙上測驗，是無法公正準確測出一個人讀了多少書和其敏銳程度。

現代文的考題要測驗的並不是敏銳度，而是「能否確實掌握到問題的重點所在」。這項考試就像「尋寶遊戲」一樣，以從前考生時常流傳的「答案就在問題中」這個原則，即足以說明。

②再來是現代文可大略分為「論說文」和「抒情文」，中學入學考試出題比例較高的是「抒情文」，而大學入學考試則是「論說文」的出現比例較高，因為考慮到隨著人的智慧成長，大學生應該具備一定的抽象思考能力，所以才會有不同的出題方向。

看到「論說文」時，首先要努力找出文章的「結論」和「原因」，如果能找出這些就可以好好分析內文，接著只要再找出結論和原因的根據來源——「事實描述」，以及和筆者結論相反的「反對論」，這麼一來分析文章的搜尋作業就可說是非常完整了。

而「抒情文」則是要掌握登場人物的「心情」，以及文章的開頭與結尾是如何轉變，其中的「轉折點」又是什麼，只要能了解這些，對作答就十分充足了。

③只要做足了上述的事前作業，遇到單一選擇題就大概都能選出正確答案。

若題型為問答題，最好從出題文章中直接把可以當成答案部分的地方抽出來作答，如果不能那麼做也不要太慌張，注意作答時儘量不要邏輯不通，找出題文中的「關鍵字」，以此關鍵字為中心作答，應該就能寫出不錯的答案。

問答題的作答，最重要的是「絕對不要離題」，只要不出現自顧自地述說想法等脫序演出，要寫出問答題的解答一點也不難。

誠如上述，現代文有它的破解法存在，只要注意到這一點，加上勤作考古題，要稱霸現代文這一科目並不是難事。

接著針對古典文的準備方式做些許說明。

古典文雖有古文和漢文之分，但漢文這部分並不需要花太多時間深讀，只要了解漢文獨特的規則和時代背景，加上反覆做練習題，遇到漢文題目都可迎刃而解。

而古文則不同於漢文，如果沒有好好地背誦完整「文法」，極有可能因此在考試中大失分。偶爾會聽到有人說：「古文也是國文的一部分，只要多看幾次就能理解。」這完全是錯誤的觀念，如果相信這樣的說法，就會完全迷失在古文世界裡。說明白一點，在學習古文和漢文時，不能把它們當作國文，而是要將其視作「學習外文」。

如果以現代文知識即能作答的題目，出題者就不會以古文型式出題，但如果將古文以現代文來解釋，就會掉進出題者所設的陷阱裡。

雖然我在高中時的國文成績非常的糟，但是我的古典文在校內都能得到好成績。模擬考試時，讓我現代文這一科目的偏差值從瀕死邊緣拯救回來的就是古典文，這也是我想通「古典文＝外文」這個觀念後再來讀書所得到的成果。

準則4

「訂定考試目標」的效果

每年一到三月，日本書店就會擺滿NHK空中講座的教科書。

而且每年都非常的廣受好評，看到這種情形我總是想：「光是三月發行的四月號就占了年度總銷售量一半以上」，基於「四月[1]＝新年度的開始＝重新下定決心」這樣的想法，有很多人會選擇在此時重新燃起決心，以煥然一新的心情讀書。

我學生時代的朋友們都不常出現在大學校園，他們大多只在學期末的考試前夕以及四月的第一個星期才會來學校。期末考前急忙地聚在一起影印講義，好不容易通過考試後，出現在隔年四月初的課堂上，然後說出以下這段話：「我以後絕不會在考前才慌張念書，從今天開始要認真來上每一堂課。」

但是只過了一星期，友人的身影又從校園裡再一次消失。大學二年級的春天時還相信他說法的我，到了四年級春天，他再次發表同樣說法時，我心想：「又開始生春天病了！」結果他真的又只來了學校一星期。

人們總是容易在「新年（年度）開始時下決心努力」，然後再輕易地將這個決心打破。

過了六月以後，原本擺在書店最顯眼位置的NHK空中講座教科書也開始被陸續移到一般雜誌的擺放處，也就是說或多或少患有「春天病」的人還真不在少數。

其實我自己也是這樣，每次快到年底時，我就會染上到處購買「記事本」的病，到了四月也會乖乖購買NHK的教科書。

要如何保有這種心情讓決心能持續下去呢？以下就我自己保有讀書動機的方法來做些說明。

1 四月：日本學制為三學期制，四月為新學年的開始。

先下定決心「接受考試」

在學生時代，曾經想要修後來成為日本法務部長的三月章教授的「民事訴訟法」課程，但最後也只去聽了第一堂課而已。三月教授當時一開口就說了以下這段讓我印象深刻的話。

我想在你們當中應該有很多人只是想要了解行政訴訟的基礎，才來上民事訴訟這門課，然而卻沒有參加考試的意願，我希望你們立即改正你們的觀念，既然上了課就要參加校內考試。

是否參加考試在讀書學習的成果上會顯現出極大差異，如果只上課卻不接受測驗，學習效果根本就不到一半，既然都已經花時間來聽課，就要來考試，我這門課是為了想接受考試的學生而開設的，所以強烈建議大家都要來接受測驗。

以下就教授說這番話的背景來做些簡單說明。

當時的東京大學法學部，想參加國家公務員考試的學生中，有許多人選修不屬必修學分的民事訴訟法課程，但卻不參加內容非常多的民事訴訟法考試。由於國家公務員考試中，最重要的科目行政法中的「行政訴訟法」，其基礎為民事訴訟法，為了要在行政法這科拿到高分，就必須要有一定的民事訴訟法素養。因此，越來越多學生選擇「上民事訴訟法，卻不參加此科考試」。

聽過三月教授說的這番話，當時有些懶散且單純的我，決定不再出席民事訴訟法課程，我認為「只要去聽課就足夠了，不一定要做到參加考試的程度」。總之，那時候的我只是為自己找個「不用去上這門課」的藉口罷了……。

現在回頭想想，雖不大願意承認教授說的那番話是對的，但事實還真是如此。只要有「想考高分」的念頭，就會有努力的動機，認真地上課，並持續地預習和複習。

換個角度思考，如果沒有「考試」這個目標存在，很多學生會在課程開始的一個月後，漸漸失去讀書的動機，最後不知為何來上課，不久後他們的身影就會從課堂上消失。

想要努力讀書，最直接了當的方法就是給自己製造個「一定要在既定時間應考」的狀況，若想提升英文能力，就去報名TOEIC測驗。

其他像「商用法律」、「經濟學檢定」、「數學檢定」、「漢字檢定」……，現在有著各式各樣領域的考試。首先就是要接受考試，而書記官和會計師等資格考試，也是要在決定階段就以最快速度完成報名手續（如果當年度考試已結束，那就報名隔年考試）。

這麼一來，在有一定時間的考試期限，將明確地定下念書範圍，至少在考試前能持續抱著「要參加考試」的心情來讀書。

四十六歲參加TOEIC和經濟學檢定

事實上我是在搞壞身體的療養階段時，以四十六歲的年紀第一次報考TOEIC。

在我調養身體的期間，也同時鞭策女兒中學入學考試的讀書進度，老實說當時我感到有些焦慮，又認為「英文是未來世代每個人都必備的」，多多少少要在這段時間裡做些有建設性的事。

但是我自從大學入學考試之後的二十八年來都沒有認真的念英文，只有在二十四年前，當我還在銀行工作時，定期接受英文測驗，之後轉職到野村投資信託公司工作後，也只接受過公司內的英文考試。我過著二十年沒有接觸到英文的生活，光顧著一直讀日文的「文語體」法律條文而已。

看過我以上的說明後，或許會有「你的理由真冗長，成績真的那麼差嗎？」這樣的疑問出現。

以結果來說，我的總分是六百九十五分，其中讓我感到欣慰的是，我的身體狀態已經恢復到能應付包括等待時間在內，出門到外頭應考的三小時以上（本來想說考試途中不舒服想吐的話，就吃些成藥），而且以我這個年紀，能得到七百分（被倒扣五分），我已經很滿意了。

但是當我和朋友聊到分數時，他卻這樣說：「想不到你腦袋這麼不靈光！」直接地以話語刺痛我心。

在我四處打聽之後才知道，朋友因為公司要求，需要很頻繁地接受TOEIC考試，經過多次測驗後，越來越能掌握其中訣竅，而成績當然就向上攀升了，最後他考了九百六十分。還有另外一位友人是長年在海外工作，沒什麼準備就輕鬆地考了九百分以上。

雖然我的程度還沒達到那個階段，但我也在考試的一個月前，以協助女兒的讀書進度為優先，確實地購買TOEIC考前對策書籍和練習題，並抱著「一定要達到能應考的英文程度」的態度念書。我還把某本「考前對策」的題目來來回回做過三遍。

也因為接受了TOEIC考試，我的英文到達能大概看懂英文報紙的程度。

如果當初我沒有去考TOEIC，也不會那麼認真地念英文，我的英文程度當然也就不可能像這樣急速向上提升。又因為幾乎每個月都會舉行TOEIC考試，只要寄出報名表，離應考的時間就只剩大約二個月，就算無法全都拿來加強英文程度，也能因此保持自己在讀其他科目的同時，以英文為優先的讀書心境。

同樣地我也報名了經濟學檢定考，考試前好不容易完成「個體經濟學」和「總體經濟學」的準備。因為這是不允許事前準備發生任何差錯的考試，所以我抱著要認真應考的心情來念書，也因此到現在我連總體經濟學的解題法，以及高中沒學過的個體經濟學的微積分解法都還記得。

雖然洋洋灑灑寫了一大堆自己的經驗談，但最重要的就是：「如果接受考試能讓讀書動機升高，對於持續學習就更有效果。」

頭腦好壞和學歷沒關係

看到這裡或許有些讀者會有這樣的想法：「雖然訂定目標可以保有努力的動機，但自己的年紀也不小了……」或是提出這樣的反論：「因為莊司先生東大畢業，也通過司法考試，但我應該沒那能力。」

但是我可以保證，只要照著本書內容去實踐，一定會有效果呈現，千萬不要對自己的能力設限。

雖然這是後面還會詳加介紹的部分，但我還是要強調，**讀書最大的阻礙就是「自己對自己的能力設限」，想著自己能力有限，當然不能提升自己的學習能力。**

從以前就有「二十歲之後記憶力會開始往下降」的說法。

但是最新的大腦研究科學卻顯示：「雖然腦細胞會隨著年齡增長逐漸壞死，但就學習而言，不管到了幾歲，伴隨腦細胞的神經細胞，其神經元數會增加，無關年齡，記憶力還是會向上提升。」

據說英文學者渡邊昇一先生，即使已年過七十，他的記憶能力也還在向上提升中。所以年齡和自己過去的經驗，是不足以影響讀書結果的。

或許又會有人提出這樣的反面意見：「雖然你說讀書成果和以前的經驗無關，但是大多數名校出身的人在考試中，往往都可以得到高分。」

確實，能在司法考試中脫穎而出的合格者，名列前茅的大多是名校出身，就這樣看來，結果恰好印證了剛剛的反面意見。

我私毫沒有要否定「名校出身者通常在各項考試中名列前茅」這個事實的意思，但「名校出身者頭腦都很好」這樣的結論，我卻不能完全認同。

事實真相是，大多數的「名校出身者」，並不全都很聰明，這些人只是知道「較有效率的讀書方法」罷了。

真正需要先天才能的是在奧林匹克運動會拿到金牌的運動員，和他們那種競爭激烈的世界比起來，一年可能有幾百人能通過的資格考試和入學考試，或者是以分數高低決勝的TOEIC、英文檢定等，是不需要什麼天賦的，和年紀也完全沒關係。

其實我在國中時的成績只算是「中上程度」，但幸運的是在我考高中時，那年剛好開始採用學區高中制度，讓我得以進入升學高中就讀。

但由於是鄉下的升學高中，能進入東京大學就讀的學生最多只有三～四人，更諷刺的是當初幫了我一把的學區高中制度，使得入學者的程度也相對的降低不少。

因此我時常因為自卑而煩躁，為了使成績居於上位，在蒐集各種讀書方法（就是本書所介紹的那些）上下了不少工夫，我也確實遵照那些方法，結果終於出現了睽違六年的東大文科Ⅰ類組的應屆合格者，所以我絕不是那種天資聰穎的人。

就連現在去參加同學會，也會有人冷冷的對我說：「原來你就是那個考上東大的啊！」也因為這樣我才會到處蒐集讀書法。相信買下這本書的讀者應該都可以全盤掌握好讀書要訣。

準則 5

在潛意識中刻畫「成功的藍圖」

活用潛意識使讀書效果快速提升

我想應該有很多人聽過「潛意識」一詞。這是成功法則集大成者——喬瑟夫．摩菲（Joseph Murphy）[1]博士最先提倡的，他常常說：「只要自己先在潛意識中刻畫成功的藍圖，那就會成為現實。」

但由於現在關於潛意識的科學解析研究還不是那麼的明朗，應該有不少人會對此議題的真實可信度抱有質疑。我在此做個小小說明，所謂的潛意識，可以看做是佛洛依德（Sigmund Freud）[2]所說的「無意識」。

佛洛依德將人類的心理狀態大略分為「有意識」和完全無任何意識的「無意識」二大部分，而因為某事或某物有所反應的中間地帶則為「前意識」，奠定出潛意識的意涵。雖然榮格（Carl Gustav Jung）[3]和佛洛依德的潛意識定義有些許不同，但他也認同大腦中有「無意識」部分的存在。

這個章節並不是要來說明佛洛依德和榮格的理論，而我也不是專業的精神分析師，無法再做進一步的詳細解說，但是對「潛意識」這個名詞無所知悉的讀者，或許較能接受從「無意識」的觀點來做說明。

舉例來說，我們對水面上的「冰山一角」有一定「意識」上的認知，而大腦「潛意識」或是「無意識」，就如水底下的巨大冰山。「潛意識」或「無意識」一般來說並不是屬於自己直接的認知想法，**所以只要好好活用潛意識，對於自己讀書效果會有極大的提升**。

或許有些讀者看了上述言論，會憤怒的認為「為何要扯一些很難懂的理論來說明」！但是在讀書上運用「潛意識」可一點也不難，幾乎不用花費到金錢和時間，因

1喬瑟夫．摩菲：英國人，倡導利用潛意識來走向成功之路，並活躍於美國，著有諸多自我啟發書籍。

2佛洛依德：奧地利精神分析學家，精神分析學的創始者，提出「潛意識」、「自我」、「本我」、「超我」等概念。

3榮格：瑞士籍精神科醫師、心理學家，深入研究心理層面，創立分析心理學理論。

為我自身嘗試過，也有卓越的效果產生，所以一定要在這裡介紹給大家知道。

我時常想，現代人對於科學和醫學的研究都還沒到達最頂端，應該要有「科學的發達過程無邊界」這樣的謙虛思想。雖然說現在對「氣」以及「潛意識」等尚不能以科學角度完全解釋，但也不能以傲慢的態度全盤否認其重要性，或許一百年、兩百年後的人，也會和從前相信地動說的人們一樣，以同樣的觀點看待現代科學。

因此我要來介紹幾個活用「潛意識」的讀書方法。

讓學過的知識在腦中短暫沉睡

在讀了很多書或是思考很多事情之後，總是會有遇到瓶頸的時候，此時有個利用潛意識來解決的好方法，就是「先不管學習過的內容，好好睡上一覺」。

像是遇到不會解的數學習題，或是在法律上有不了解的理論，先放下手上的書，轉讀其他科目吧！之後再重讀一次，如果還是不懂就將其劃上記號，那一天就不要再看那個部分。

不會的部分在腦中好好沉睡一晚，這麼一來，就有可能不經意地在夢中出現解答，或是在洗澡時，內容突然從腦中閃過等，讓潛意識發揮作用。

我在從事律師工作時，於民事法庭上，反方會將其準備的書面資料送來我方，如果簡單就能提出反論時，我就直接做出反論的書面資料，但還是會有無法直接做出反論的時候，遇到這種情形，我會反覆將文字從頭到尾看過二～三遍，之後就先不去思考，結果我經常在入浴或躺在床上時，有好的反論突然出現腦中。

我記得有一位對數學很拿手的友人在高中時這樣跟我說：「遇上不會解的數學習題時，我會先去休息小睡一下，在『夢裡思考』，隔天再次解題時，常常很輕易地就解出答案來。」

大腦在我們沒有刻意思考之時，會把我們不懂的問題輕鬆解決，這也是「讓問題在腦中沉睡」所顯現出的效果。

但這個方法也不是一定要透過睡眠才行得通，應該有很多人碰過這種經驗，在考試時若遇到不會的題目，只稍做思考，隨即跳過往下繼續作答，之後再回來看不會的題目。而當我們往下作答時，常常會突然想通剛剛不會的題目。

雖然這些效果不能全都斷定是「潛意識」的功勞，但現實生活中，有很多時候都會出現這種現象。

想像一切會進行得很順利

認真想像自己成功後的樣子，這可以說是摩菲博士一直提倡的「潛意識」效用。

「想像自己是有錢人，坐在賓士車上」或「想像自己住在大房子裡」……，要經常將這樣具體的想像帶入大腦的潛意識裡，有一天這個想像就會實現。

相反地，若一直往壞的地方想，事情很有可能真的朝向不好的方向發展。

相較於剛剛所提到的，遇到不會的地方「先放著不管去休息」的方式，這個「想像自己成功樣子」的方法比較難理解。因為很多人有過那種腦袋靈光一現的經驗，而將想像化為現實的經驗者畢竟是少數。

但是我自己加上女兒共有三次這樣化想像為現實的成功經驗。

我第一次成功將想像化為現實的經驗是在考大學時。從小一直住在鄉下的我，除了考試當天，只在照片上看過東京大學校園，所以我每天晚上都想像自己穿著毛料大衣走在東大校園內，腳下踩著一整片黃色銀杏葉的樣子入睡。

令人感到慶幸的是，我真的將想像化作現實，但其中有一點讓我感到有些吃驚。因為我在高中時期不曾擁有這樣的毛料大衣，而且我也沒有特別喜歡，單純只是看到和我交情不錯的友人穿過，所以將其放入我的想像中。

但是就在我已從上榜喜悅降溫的大學三年級時，我考量到毛料大衣的實穿性和保暖等因素，向學生會購買了一件。當我穿上大衣走在從東大本鄉校區沿續到安田講堂旁的一排銀杏樹下時，我才突然想起以前的想像畫面，嚇了一跳。

「這不就和我之前所想像的情景一模一樣！」

我忍不住笑了出來。當時的我還不曉得「潛意識」這個概念，但就算知道我應該也沒辦法那麼容易接受這一套說法才是。

父女倆都成功將想像化為現實

然而，我的第二次經驗對我來說是非常具有決定性的一個結果。

這是發生在我離開金融機關，脫離上班族身分，轉而成為司法考生的時期。每天晚上我都會想像自己走到位在法務部中庭的布告欄，去看司法考試的合格名單，具體的想像內容是：「我的名字會出現在榜單右邊靠近下方的部分。」因為每天晚上我都這樣想像，連細節都清楚映入腦海。在我的想像中，布告欄上方還有一片逐漸擴大的烏雲。

當時的司法考試制度猶如大家所說的「選擇題分數要到達一定標準，申論題考試為難關，口試則為上榜與否的最後確認」，只有約一成或更低的人會在口試階段失敗，所以最後公布合格者時並沒有想像中那麼令人感動。

也由於是這樣的情形，讓人產生「萬一落榜了該怎麼辦」的想法。我懷著忐忑不安的心情走向法務部，這天從一大早開始就是晴空萬里，下午四點多打開門往外看時也都是好天氣。

但是就在我要出門前往法務部之際，天空雲層越來越厚，而我打開門一看，居然和自己想像中的情景一樣是陰天，更驚人的是布告欄上我名字出現的地方，也和我每晚想像的分毫不差，是在名單的右下方。

我那時只想著：「怎麼可能會有這種事發生……」

在放榜後隔幾日，當我和其他合格者聊過天才發現，有好幾個人和我有同樣的情形發生，這件事讓我更吃驚。

最後是女兒在準備中學入學考試時所發生的事。

因為我有過大學考試及司法考試的成功經驗，於是在女兒房間裡貼了好幾張國高中一貫制度學校的照片，讓女兒一天可以看到這些學校的景色好幾次。而那些照片中，最顯眼的一張是有群學生坐在電腦教室，朝電腦螢幕看的照片。

幸運的是女兒真的考上那間學校，還加入校內的數學研究會社團，這個數學研究會的社團活動並不是在找出數學習題的解法，而是利用電腦來製作動畫。

接下來的事實更驚人，其實這個學校的國中部並沒有電腦課，而照片中朝電腦螢幕看的國中生就是數學研究會的成員。想像自己每天坐在電腦教室裡的女兒，雖然不是加入電腦社（並不存在）而是加入了數學研究會，但是沒想到使用電腦最頻繁的就是這個社團的成員。

不只我自己，女兒和其他司法考試合格者，很多人都有化想像為現實的經驗，因為不需要花費多餘的時間和金錢，希望大家能把它當做一個促進學習的方式。

總之，就是要不斷在睡前「想像自己上榜」或「想像自己會成功」，接著只要沉沉睡去就可以了。

潛意識的錯誤使用方式

在使用潛意識時，有一點要特別注意，「潛意識不僅可以接收成功的想像，也可以產生失敗的想像」。

具體來說，如果抱有「這一次該不會又失敗吧？」的悲觀想法，這樣的想法將注入我們的大腦潛意識，進而導致失敗。

我在接受司法考試時，周圍有很多持續努力讀書十年、二十年的考生，雖然沒有實力的人一定會遭到淘汰，但在當時嚴苛的司法考試環境下，一些很有實力的人還是多次落榜，也就是所謂的萬年考生不斷出現。

雖說這是個合格者寥寥無幾的年代，一年也約有五百人能順利考上，但每一年總還是會有實力超群的人落榜，這一點真的讓我百思不解。

我自己的推測是，這些人之所以會失敗，是因為他們常常有「今年會不會又落榜」這樣的負面想法存在，進而影響到他們的潛意識。

舉一個比較淺顯易懂的例子來說，在公司裡上司強調「這件事絕對不能失敗」時，結果卻意外地失敗了，相信很多人在工作上都有過這種經驗；或是接待重要的客戶，卻在他們面前打翻茶水，相信有這樣一再失敗經歷的人也不少。老實說，我若有

「對這個人絕對不能失禮」的想法出現時，都會做出一些愚蠢的事。

這樣的情形以潛意識，或是以「暗示表現不好的自己」的角度來做解釋，就是言語上的使用不當導致。也就是說，想像期待中景象出現的同時，卻因為太過恐懼而產生反效果。

我想只要適時但不過度的思考著自己「絕對會成功」或是「絕對會考上」等想法，在適當時機，再做到「不管如何都要將成功的情景輸進大腦的潛意識」或是「想像自己合格時的樣子」就可以了。

平常就要培養不斷思考的習慣

有些人不管曾經對某事多麼地熱衷，只要一結束，馬上就會將之拋在腦後，忘卻它的存在（事實上我女兒就是這種人）。

但確實不需要為了一題不會的數學習題而掙扎浪費一小時，直接看解答照著進度前進，才是有效率的方式；工作也是，不要在意不必要的小細節，儘早完成才不會給人添麻煩；念書時亦是如此，遇到不懂的地方先跳過，直接往下讀才有效率。

要特別注意的是「和重點有關聯處一定要了解透徹」，因為未來是技術不斷進步的時代，能以機器代勞的技術就一定會儘量讓機器去做，而人類腦袋的最大作用就是獨特的創造力，隨著遇到的課題難易度，釋放自身的所有能量，不斷思考達到鍛鍊創造力的目的。

如同之前提到的，法庭上爭論的理論架構、看起來簡單卻解不出來的數學習題，以及商業策略等，都可以用來說明「讓知識在潛意識中沉睡一晚」的效用所在。但**只是單純讓它沉睡一晚並不夠，在此之前必須經過「不斷的思考」，這麼一來只要偶然或不經意看到，從沒想過的主意就會浮現腦中。**

在腦中不斷思考，就可以有源源不斷的點子在潛意識裡浮現，雖然說想太多造成的困擾對身體不好，但只要養成隨時隨地思考的習慣，將會幫助腦中浮現的想像往實現邁出一大步。

準則6

讀書才是重返青春的最佳良方

為何要「提升腦力」？

最近「腦力激盪」的遊戲軟體和書籍很受到歡迎，不僅能測出大腦真實年齡，也可以訓練書寫能力，很多人都很熱衷這種「提升腦力」的鍛鍊活動。

因為那是對自己身體不錯的東西，我也沒有要批評的意思，但是一聽到努力「提升腦力」的人數成長後，就會忍不住提出這樣的疑問：「你到底是為了什麼而努力提升腦力呢？」

就這樣在我詢問幾位友人後，得到的答案大多都是這樣：「因為做總比不做好啊……」其中只有一人的回答是為了「防止老化」。

市場上充斥著各式各樣能「提升腦力」的工具，雖然有廣大的顧客群，但是擁有確定目標再去購買的人是出乎意料的少。雖然我這麼說，也沒買遊戲機，但還是買了一堆能鍛鍊腦力的輔助工具。

如果沒訂定目標就直接玩「腦力提升遊戲」，說難聽一點，有時候就只是單純想讓自己接受玩遊戲的正當性罷了，當然我的意思並不是要阻止你們去玩遊戲，我擔心的是，或許會有人誤認為「只要用了這類提升腦力的工具，就能有效利用時間，提高自己的競爭力」。

格鬥類遊戲確實需要一定的敏捷力，實驗結果也證明玩遊戲能活化大腦細胞，但是「藉著遊戲來鍛鍊敏捷性」和「提升自己在工作或讀書上的競爭力」是完全不相干的二件事。

所謂能提高自己競爭力的「自我投資」，是指在活化大腦、重返青春之際也同時提升自己的附加價值，也就是說「自我投資」的讀書法就算使用不怎麼樣的工具，也能達到「腦力」高度成長的效果。

提高「腦力」是種自我投資

我是在二十九歲時才開始準備司法考試，雖然大家總說「二十歲左右是人類記憶的顛峰期，之後就會不斷衰弱」，但事實並不是如此。我的經驗是在開始準備司法考試後，記憶力和理解力都快速提升。讀的內容在一定時間內就能牢牢記住，思考的速度也快了好幾倍，連我自己都不太能相信這一切。

當時我的記憶力和理解力都比我大學考試時還要進步，這絕對不是因為我體質特別，而是我所使用的都是本書所提到的讀書方法。

就算過了四十五歲，我的記憶力和理解力還是再向上提升，因為我和女兒一起準備她的中學考試，不管是很難的算數問題或是社會時事題，我們倆都一起思考和作答，所以連帶我的腦力也向上提升了。

使用能提升腦力的輔助工具沒什麼不好，而且如果因此得到很好的效果也是件好事，但如果只是單純想使用輔助工具，就有可能淪為自我滿足。

相反的，如果是為了取得資格或是通過考試需要提升腦力，很多時候都比單純使用這些工具，效果來得多好幾倍——這也是我自身以及周遭人的經驗總結。經常實行

「自我投資」的人們才能使腦力持續不斷地提高。

為什麼說讀書絕對有益無害

「提升腦力」的方法原先是為了對老年人癡呆症做一定控制所提出的對策，而將此觀念發揚光大的是腦部科學者川島隆太先生（東北大學教授）。

但如果你身心都很健康，比起單純使用工具訓練腦力，為了考試努力念書還比較能達到重返青春的效果，以下就理由做些許說明。

①首先要提到的是，讀書不僅可以提升計算以及書寫能力，也可以幫助活化大腦細胞，以結果來說能有效防止大腦老化。

②如果為了參加考試取得資格而去補習班念書，能在新的環境和新朋友相互交流，可以說環境的變化和交友關係的拓展都有防止老化的效果。

③對接受考試的人來說，大多會在真正考試前參加幾次模擬考，不管成績是好是壞，一定都會產生「高興」、「沮喪」或是「很可惜」的心情，像這樣在情感上的起伏，不僅能提高身體的自然治癒力，更可以防止身體老化。

④不管怎麼說人只要訂定一個目標，並持續努力達到目標後，整個人會年輕十歲，這

樣正面積極的態度也能抑制老化程度。

所以說「自我投資」不僅能得到實際成果，還可以提升腦力，對防止老化也非常有效，「好處多到說不完」。

接下來我想介紹一位我所尊敬的人所說過的話：「讀書絕對有益無害。」因為讀書可以磨練自己不給人家添麻煩，從中學習到的知識也能對社會有所貢獻，所以「讀書絕對有益無害」這句話完全正確。

準則7

不要自我設限

年齡與學習效果無絕對關係

之前在談到記憶力這部分時也提到過，從以前開始就有「過了二十歲以後腦細胞會開始漸漸死亡，大腦活動力會持續衰退」這樣的說法存在，但根據最近的研究報告顯示：「就算腦細胞死亡，腦神經中和年齡大小無關的神經元也還是會持續增生，不管到了幾歲，『腦力』都還能再提升。」

像是英國首都倫敦的計程車司機就是很好的例證，雖然倫敦街道的組成極其複雜，然而因工作關係每天要走上好幾回的計程車司機，隨著長期經驗的累積，使他們的神經元不斷增生，這就是很好的一個實證。

即便有不少人認為自己忘東忘西的次數增加了，但我認為這不是年齡增長所致，而是疏於促進大腦活動帶來的後遺症。事實上，長時間看電視的人，大腦處於接收狀態，習慣於這樣的舒適工作，結果導致大腦疏於思考和記憶，使大腦額葉開始萎縮。所以每天一回到家就打開電視，接著花幾個小時呆坐看著畫面的人要特別注意。

像這種伴隨影像與聲音的媒體工具，不僅能使我們接收資訊，在某些方面甚至優於書籍，但是如果人類長時間一直接觸這樣的影像，大腦裡頭「以文字做出想像」的作業活動就會消失，因此大腦就懶得去活動了。

我敢斷言，只要養成持續讀書的習慣，學習效果和年齡絕對無直接影響關係。有很多資料顯示，有一定年紀的人，因為社會經驗和日常生活累積的知識，比起一般年輕學生更能理解課程內容，參加資格考試等也都能很快地取得合格證明。

讀書最大的敵人就是自認為已經「上了年紀」所以想放棄的想法，其次是周圍人認為你已經老了的雜音，因此一定要完全無視這類可能會限制自己發展界限的意見。

六十歲開業成功的肯德基爺爺

對在第一次嬰兒潮（西元一九四七～四九年）之際出生的團塊世代」來說，只會想著「退休之後是要過美好的人生或是無趣的人生」，而他們的下一代，也就是「團塊二世代」，一般都會有「從領薪員工轉變為不管成功與否的獨立創業者」的想法。

也就是說，抱著永不放棄的心情，不在意旁人的閒言閒語，好好地認真努力，不管是六十歲或是三十歲都可以打造成功的人生。

另外值得一提的是，我猜想未來的社會將走向「廢除年齡限制」的時代，因為經過長年歲月鍛鍊的年長者，其知識勞動後的巨大成果，比一般年輕人更值得期待。

在野口悠紀雄先生的著作中提到「數學是最省錢的趣味活動」，只要準備筆、紙和問題就可以開始學習，既不用花錢，又可以在多次失敗後嘗到解出答案的喜悅。

如果將數學當做興趣樂在其中，並且免費教導小孩和學生，這可以說是最適合防止身心老化的方法，當然也可以提升腦力，並提高身體的治癒恢復力。

自顧自怨感歎「已經五十歲了」、「已經六十歲了」或是「現在這個年紀讀書已經太晚了」等行為，完全是無意義的。智能的訓練不管從幾歲開始，都不會比年輕人多任何一個不利條件，不僅如此，以往的經驗更是你的利器，藉由學習使以後的人生過得充實，如果還能因此防止老化獲得健康，那就再好不過了。

不僅是讀書，學習之後開始創業也是不論年齡的，肯德基爺爺在他六十歲時才開設肯德基炸雞，以日本人的標準來說，都已經是退休的年紀了。

在這廣大的世界裡，有人因為突然發生的事故，年紀輕輕就離開人世，也有人上了年紀後才開始有波瀾起伏的人生，因為人生只有一次，絕對沒有還沒開始就感到太遲而無法做的事存在。

「太忙沒時間念書」和「總有一天會念」都是騙人的

有些人總是會一直說自己「太忙」，但如果因為太忙而無法念書，這就只是藉口。這些人和一般人的平均值相比並不能說是很忙的，有很多時候只是「讓自己處於忙碌狀態」。

我以一般律師快十倍的速度在處理案件，基本上不需要加班，星期六、日也都有

1團塊世代：泛指日本在第二次世界大戰過後，從一九四七年開始到一九四九～五〇年間，第一次世界嬰兒潮出生族群的世代。

休假時間，而且每天還到幼稚園接女兒放學回家，因此我的工作密度相當高，幾乎是以「秒」為單位在工作。

因為我是自己出來開業的律師，當然站在自己能管理時間的立場上來說這些話，但對在一般公司工作的上班族來說，很少有自己能使用的空閒時間，而且有時候也不得不留下來加班或是在假日上班。

但就算是這樣的人，也一定能在搭車移動或是會議休息時間挪出一些「空閒時間」，如果能有效利用這些時間，讓時間「積沙成塔」，對讀書結果來說會有很大的進展。

一直嚷嚷自己很忙的人和說「最近會開始念書」或是「有空再開始念書」的人一樣多，就算沒真的說出口，應該有不少人都這樣想過。

在這裡我要說一些重話，那些說「最近會開始念書」或是「有空時再開始念書」的人，絕對不會在「最近」和「有空時」念書，請記住，除了從「現在」開始讀書之外，不會有其他機會開始讀書了。

誰也不知道之後會發生的事，想著要在「退休之後過悠閒生活」，卻被迫照顧另一半的生活起居，或是通貨膨脹後要再加倍工作……，有很多可能性會使得讀書時間就這樣消失。

因此，在事後悔恨「當時如果再努力一點，說不定就能度過這次難關」，已經來不及了，讀書這件事不是要「明天再做」，而是要抱有「今天就做」的決心。

決定了自己的能力界限之後就只能等待死亡來臨

這純粹是我個人想法，我認為人生在世所有的一切「是沒有界限可言的」，如果做什麼事都要設定自己能力界限，剩下的人生就只能「等待死亡來臨」。

我們在平常生活時，幾乎不會意識到「死亡」，但現在活著的所有人，一步步地都在向死亡前進。因此，**如果在某個時間點決定了自己能力的界限，之後的人生可說只是在等待死亡降臨的待機時間罷了**。

這麼一來，讀書就沒有任何意義，如果只是單純等待死亡，提升腦力來充實人生的行動也變得完全無意義。

大腦活動力的提升沒有所謂的界限，不管到了幾歲，思考力和記憶力還是能提升。英文學者渡邊昇一先生過了七十歲，才開始認真地學習拉丁文，也因為背誦單字的關係，使他的記憶力快速成長；發現特洛伊遺跡的施里曼（Heinrich Schliemann）[1]也是在上了年紀後，才精通數國語言，進而順利發掘出遺址所在。

由於現代社會中網路這革命性工具的發達，不管是知識或資訊的蒐集都比以往來得更有效率，完全不必去想年齡界限的問題。

人生並不是「等待死亡的生活」，而是藉由讀書保有活力，接受新挑戰，擁有幸福時光。

1 施里曼：德國考古學家，青少年時代喜愛讀書自學精通英語、法語、荷蘭語等十八種語言。

在知識價值社會中生存，必須要有英文「讀寫能力」

如果要學習英文，我推薦的方法，就是「重讀寫能力勝於會話能力」。

以我這個沒出國念書和工作經驗的人來發表這樣的意見，應該會受到不少責罵，而且也有得罪英文會話學校的可能，真的非常抱歉。

但我之所以會有這樣的想法，是有所根據的。

網路將世界連結在一起，網際網路環境也日益發達，全世界網路所使用的語言，有七成以上都是英文，而且基本上來說，利用網路蒐集情報或發布資訊，大多只需要用到「讀寫能力」。

因此要蒐集全世界的情報或是發布消息時，必備的技能就是「英文讀寫能力」，電子郵件也需要用到讀寫能力。如果要和本國以外的人意見溝通，也要使用英文，特別是現在正進入知識社會階段，如果看不懂網路上的英文，對個人實務經歷將會是個很大的不利條件。

基於上述理由，我才會說「英文讀寫能力」是在未來社會生存必備的技能。事實上，聽說美國現在有出版書籍指出因為教育制度不完備，讀寫能力低落的人大為增加，成為新的社會問題。這件事帶給讀者不小的衝擊，成為賣座第一的暢銷書。

我國的報紙和新聞報導一直都以「國內大事」為主，每天的內容都大同小異。我是過了四十歲後才開始接觸英文報紙，裡頭刊載了許多讓我感到吃驚、國內從沒報導的資訊。

因為考試而訓練讀寫能力的人，只要再稍稍「修復英文能力」，就能達到一定程度。我在大學考試過後的近三十年，過著和英文毫無關聯的生活，如同本書所提，我是在四十六歲時報名ＴＯＥＩＣ考試，也是在那時的準備期間修復我的英文能力。

所謂的「閱讀能力訓練」，就是去讀某一個自己熟悉領域（工程學或金融等）內的書籍，如果本身擁有一些基本知識，讀原文書會比較容易了解，或是找已讀過的中文譯本原文書來閱讀也可以。

若是跟我一樣有在看英文報紙的人，則可以特別注意國內也有報導的同樣事件，以降低對英文的恐懼感。

看外國電影的ＤＶＤ時，把字幕和聲音都調為英文也有卓越的效果，可以試看看在Amazon之類的外國網站上，直接搜尋、購買書籍。

英文書寫部分我推薦的是英打訓練軟體。

因為是讓學習者邊聽邊打字的聽寫訓練，需要一定的英文書寫能力。但其中有一個缺點，就是它每個段落的文章都很長，不適合利用短暫空閒時間練習。

總之，念英文時要先注意到「閱讀」能力，再來是「書寫」能力，之前也曾提到，如果看不懂英文，幾乎無法在其他地方獲得知識。

第2篇

持續祕訣在於「快樂學習」！

準則8 獎勵自己

給予獎勵是不好的行為嗎？

這個問題時常在孩子們要接受考試時被拿出來討論，就有孩子要參加中學入學考的父母親問補習班的老師：「如果孩子模擬考的成績進步了，是否要讚許孩子？」這個「是否要給予讚美」的問題，其實並不侷限於孩子而已，社會人士就自己在念書上的表現，以「讚美自己是否必要時」的角度思考的話，出乎意料之外的可以看作是使讀書效果提升的成立要素之一。

因此，在這裡簡單說明一下「否定讚美論者」的意見。

「如果給予獎勵，念書目的就會變成『想得到獎勵』，讀書本來就是要學習自己之前不了解的新東西，對讀書內容產生熱情，最重要的是最後可以取得資格證明。但如果把獎勵看做讀書目的，會使得讀書效果降低。」

我所聽聞的議論範圍內，大多都是這樣的意見，簡單的說就是「以獎勵來勾起對方讀書幹勁是不對且沒有效率的」，但事實真的如此嗎？

的確，以「這次考試達到八十分，就買遊戲軟體給你」這樣的獎勵來督促孩子念書，看起來是有那麼一些動機不純，但也有人是因為寵孩子才這麼做。

我並不認為給予獎勵是不好的事，反倒覺得不只在督促孩子念書，自己在念書時，適時給予獎勵是很有效率的，而且也能提升學習效果。因為不管是多麼有趣的科目，只要每天不間斷接觸，一定會有厭倦的時候。

相信很多的讀者都有以下的經驗，從以前就有一直想「集中精神讀書」，一旦有了休息時間，就開始讀那一類的書，但之後卻開始感到厭倦而無法持續下去……。在這樣的情形之下，大多數的人通常在起初的二～三天會樂在其中，差不多在第五天就會開始感到厭煩，「明明之前就很想讀的書，為什麼現在會讀得那麼痛苦？」

這種情況並不只侷限於念書上，不是說這樣的人意志特別薄弱，一般人的心理狀態皆是如此。

假使每天去做很喜歡的運動（網球或高爾夫球等），恐怕除了極度喜愛此項運動，以及想成為職業選手的人，其他人通常都會在一星期內產生厭倦感。因此我個人認為要使一個人持續讀書或做運動，是需要適時的獎勵。

「長期的獎勵」和「短期的獎勵」

雖然我說需要適時的獎勵，但並不是一定要「有形的獎勵」，表達帶有情感的話語，讓人感覺到「成就感」和「優越感」的鼓勵也不錯。

具體來說，在進度表上將已完成的事項，用螢光筆劃掉，就會感受到小小的「成就感」，這種感覺就是「對自己來說最好的獎勵」。還有模擬考過後，看到自己名列成績優秀者而沉浸在「優越感」中，對自己來說也是另一種獎勵。

誠如上述，只要去好好思考什麼是適合自己的獎勵方式即可。

而獎勵方式也不限一種，確實完成進度得到的成就感、因為努力而在模擬考中得到的優越感，小小的慶祝一下……，這樣多重式地獎勵自己，也是不錯的做法（事實上這是我在準備司法考試時的做法，也因為這樣才能持續每天念十二小時的書）。

以上這些內容是我在某本大腦科學、心理學的書上所看到，只要將「長期的獎勵」和「短期的獎勵」二者合一，似乎在讀書層面上頗具效果。

上述例子中，在學習進度表上把念過的部分劃掉產生的成就感，屬於僅限於當天的「短期獎勵」，而一個月舉行一次的模擬考就可說是「長期獎勵」。

但是不能偏重獎勵短期或長期的其中一方，也不能極端地分為「極短期」和「極長期」獎勵，這麼一來不但會使中間時期過於鬆懈怠慢，最後也搞得自己慌亂起來，要好好將「獎勵期間的平衡點」分散在各個念書時期。

獎勵最多只是用來激勵士氣，避免「厭惡感」產生，不必做得太過誇張。

我在準備司法考試時，每天達成計畫後的充實感以及每晚一罐的啤酒就是我的「短期獎勵」，若是自己名字出現在模擬考前幾名，我不僅會沉浸在優越感中，也會另外追加一罐啤酒作為我的「中期獎勵」，當我達成長期計畫，以及在司法考試的選擇題或申論題考試後，會花一整天租看喜歡的錄影帶（當時還沒有DVD），當做我的「長期獎勵」。

準則9

將學習過的知識轉為長期記憶

為什麼會有那麼多人對自己的記憶力沒自信？

「我對背誦東西沒什麼自信……」，相信在讀者當中有不少人也有這樣的困擾。

應該說會買這本書的讀者當中，約有九成的人應該都是「對自己記憶力沒自信的人」。如果記憶力不錯，就不必買這種教你讀書方法的書籍來看才對……。

我們的教育制度經常被批評太過「重視背誦記憶」，我並不是要否定重視記憶能力的做法，因為實際上在各種資格考試和入學考試裡，有很多題目一定得靠背誦內容才能作答，所以對自己記憶力有信心的人，大多能順利通過考試。

看到這樣的事實，就能了解「記憶力」對考試來說是非常重要的，所謂的紙上測驗都是需要經過記憶背誦才能作答，就連中學到大學的入學考試，甚至各式各樣的測驗，都是必須背誦一定內容後才能順利作答。

既然記憶力如此重要，為什麼還是有很多人會對自己的記憶力感到「沒自信」？我想那是因為大家都有過「明明已經背過了，但還是會忘記」的經驗。

根據大腦科學研究指出，現實生活中根本不大會發生「喪失記憶」的情形，因為記憶一直保存在大腦當中，只是需要被「喚醒」而已。

不曉得各位讀者是否有過這樣的經驗，當你聽到以前的流行歌曲或音樂時，會突然想起當時的回憶，或是當時和異性交往的「緊張心情」也一瞬間回來了。

如同上述情況，**記憶一直都保存在大腦中，如果沒有叫醒它，我們就會把那一部分記憶給「忘記」了。**

避免記憶遺忘的作業時間，是在背誦後的幾小時內

關於大腦遺忘的理論中，就以赫蒙．艾賓豪斯（Hermann Ebbinghaus）[1]所提出的「記憶曲線理論」最為有名。

在這裡簡單說明一下這理論所做出的結論，我們的大腦在一次的記憶分量中，

1 赫蒙．艾賓豪斯：德國心理學家，他發現剛學習到的知識先以很快的速度被遺忘，然後遺忘程度會緩慢下來，而已經長時間記住的東西，則很難被徹底忘記。

過了二十分鐘後還能記起全部內容的五八％，過了一小時則為四四％，一天後有二六％，三十一天後只剩二一％的記憶內容。

要特別注意的重點是「記憶的遺忘是在背誦後的一天內急速進行，但之後則以緩慢的速度忘掉」，就算還記得內容，但在一天內也只能記得約二六％（忘掉全部內容的四分之三），但在一個月後卻還能記得二一％，也就是說記憶過後的一天和一個月的遺忘程度只差了五％左右。

所以從開始記憶的第一天就是「決勝關鍵」，「如何維持記憶」，也就是「要如何在一天之內做好事前準備工作」才是真正的重點所在。

但是關於記憶曲線理論，也有反方向的實驗結果出現。

有一位心理學家將實驗室裡的人分為兩組，進行「喚醒記憶」（喚起記憶內容）的實驗，其中一組人員在記憶過後隨即接受測驗，而另一組人員則是過了一天後才進行測驗，以此比較兩方的「記憶儲存率」。據說結果是由後者，也就是過了一天才測驗的那組人員，記憶儲存率較高。

雖然就這個實驗結果來說，乍看之下會覺得和「艾賓豪斯的記憶曲線理論」有些矛盾，但實際上卻不是那樣，以下就來做些解說。

首先要說明這個「喚醒記憶」的實驗，是在測量回想出完整記憶內容的「有效時間點」，而不是測試遺忘程度。簡單來說，喚醒記憶的實驗最主要是為了得知「有效果的複習時間」，而艾賓豪斯的記憶曲線實驗則是測量出「記憶過後，在何時接受測驗能得到多少分數」。

艾賓豪斯的記憶曲線理論顯示出「在讀書記憶過後的二十分鐘，接受測驗能在滿分一百分中拿到五十八分，一天後則只能得到二十六分，一個月後更只有二十一分」。另一方面，喚醒記憶的實驗結果則顯示「要是在一星期後接受測驗，記憶過後一天再來複習，遠比記憶過後二十分鐘複習，更有可能在考試時獲得高分」。

因此，為了避免忘掉記憶過的內容，只要在記憶過後的幾小時內做「保持記憶工作」，就可以緩和記憶力急速下降的程度，而喚醒記憶的複習工作，最理想的時間則是要分別在一天後、一星期後以及一個月後實行，此說法的假設是可以成立的。

一天五分鐘的「黃金複習時間」

我在準備大學入學考試和司法考試時，幾乎都是以「一小時＝一單位」的方式讀書，一單位結束後，我會習慣在腦中進行「反芻」的動作，而這個方法真的很有用。

或許「反芻」這個說法有些籠統，具體來說就是「將讀過的內容快速地在腦中回想一遍，不清楚的地方再確認一次教科書或練習題，並將內容在腦中回想一次」的動作。一小時讀的內容只需要五分鐘的回想時間。

但是這短短的五分鐘反芻時間卻是「非常重要的記憶保持工作」。

不曉得讀者們有沒有這樣的經驗，念書時在認為是重點的地方貼上標籤，闔上書前再看一次有貼標籤的地方，或是頁面折起來的部分，這些內容會記得更牢、更久。

我會在每天入睡前，把那一天讀的內容，以放鬆的心情花些時間（盡可能在二十～三十分鐘內）再看一遍，就這樣帶著好心情結束一天。

這就是「喚醒當日所讀內容」的動作，以短時間完成第一次的「複習」工作，可以喚醒大腦，想起各科目於幾個小時前記憶過的內容，比起記憶過後直接複習來得更有效果。

在下次讀同科目的教科書前，先複習「前幾次」讀過的內容，使記憶在大腦裡「定型」。這裡有一個重點要注意，就是不要複習上一次讀過的內容，而是上上次的學習內容（建議每天聽英文廣播講座的人，養成這種複習前天內容的習慣，對記憶很有幫助）。

多次反覆地實行「保持記憶」及「喚醒記憶」的效果，是非常顯著的。在開始準備司法考試的半年間，就算不是完全了解，我也將當時司法考試七個科目的內容全看過一遍，因此我的選擇題考試能輕鬆通過合格標準。雖然申論題考試沒有通過，但我也拿到評分標準A～G的七等級中，綜合成績「B」的評價。

這種保持及喚起記憶的工作，做起來絕對不輕鬆。

最主要的原因是會受到心情好壞影響，讀書過後隨即進行反芻作業，之後又要進行複習，再加上前幾次讀過內容的複習，這真的很辛苦。因為這方法會讓自己意識到，「讀過的內容如沒複習會忘掉多少」這件事。

老實說，我每次也都是巴不得能早一點讀完書離開書桌。有好幾天的傍晚我都被

「好想忘了當天讀過的東西」的內心想法誘惑，但都咬緊牙關撐過去，繼續完成我的反芻及複習工作。

也因為持續地去咬牙苦撐，才讓我以應屆畢業生之姿順利考上東大，並在最短時間內成功通過司法考試。

鎮壓「前門虎」和「後門狼」

關於記憶法，要特別注意的是「如何應付防礙記憶的二個要素」，這二個要素我姑且稱它們是「前門虎」以及「後門狼」。

在這裡簡單做一些說明，假設你正在記憶A事項，這時有很多比A事項更早記憶的事，會成為防礙A事項形成記憶的要素，這就是「前門虎」。而在A事項之後要記的事，也會影響到A事項形成記憶，為「後門狼」。

假設現在你要背誦十個英文單字，在背第五個單字時，前四個單字的記憶就會防礙到第五個英文單字的記憶形成（前門虎）。背完十個單字後，這回又變成第六～十個單字，會影響到第五個單字的記憶形成（後門狼）。

在心理學上，前門虎被稱為記憶的「順行抑制」，後門狼則為「逆行抑制」，這二種抑制作用據說在同種類的記憶與學習上會更加明顯。

因此在記憶時，前後都會有搗亂者出現，使得記憶的形成更加困難，所以一般人是不可能一次背完不認識的一百個英文單字（我連一次背誦十個陌生的英文單字都不大有自信）。

那麼到底要怎樣來鎮壓這些搗亂者呢？

首先讓我們來想想如何來排除這二個麻煩。如同之前所述，從前後方來抑制記憶的作用，是在「同種類作業」時達到頂端，也就是說按照順序背單字時，虎和狼的「邪惡力量」會達到極限。因此，**與其一次背十個單字，不如利用片刻空閒一個一個背誦還來得比較有效果**（吃飯前背一個，洗澡前背一個，上廁所時背一個……）。

不曉得各位有沒有這樣的經驗？

在通勤捷運或公車內看參考書時，於某個特定的車站和車站間看過內容的記憶，會在日後覺得特別清晰，或是在運動時，聽到某人說了不合時宜的學習用語，但那句話卻在將來的腦中久久揮之不去……。

我們的生活中存在著許多珍貴的「片刻空閒時間」，時時都會運用到，所以不妨拿它來讓我們逃離單純背誦記憶的痛苦。如在廁所放本單字集、在包包裡放參考書，有空時就翻來看看，這樣的方式都值得一試。

最好在一小時後換讀不同科目

話雖如此，但不管怎樣的內容或是科目，都不可能把空閒時間當做學習的主要時間。所謂的學習，就是要持續一段時間，利用空閒時間的學習是有限的。

如果要持續學習，最好將不同領域的科目組合式學習，這會比持續單一科目來得更有效果。由於「前門虎」和「後門狼」很擅長在我們背誦同種類內容時來搗亂，所以只要讀同一科目達四到五個小時後，記憶過的內容就會漸漸消失。

舉例來說，像是「熟記了一小時的社會後，下個小時就讀數學」，或是「讀了一小時民法教科書後，接下來就練習刑法習題」，將幾個性質迥異的科目在允許的範圍內交換學習，這樣比起一直念同一個科目更能提高學習效率。

但總是會有必須讀同一科目好幾個小時的情況，這種時候就可以在讀書空檔訂一個「轉換更新時間」，利用這個時間做單純的算數（簡單的加減法也沒關係）。

又因為人類集中精神的時間有限（一般人約在四十五分鐘，但也會因人而異），適時休息五～十分鐘是很重要的，休息結束前（也就是再次開始讀書前），再做個三分鐘左右的算數問題等，對啟動大腦也很有功效。

如果還是會忘記……

雖然之前談了很多使「記憶成形」的方法，但如果都照我所說的做，是否就能保有很完整的記憶內容呢？

很可惜的是我不能說「Yes」，老實說就算做了那麼多的預防行動，但「人類會忘記一部分內容」是不爭的事實。

這就是「記憶在轉變為長期記憶」的窘困時期。

記住的東西若轉變為長期記憶，就算長年不使用這門知識，還是可以很流利的說出來。這是學過的東西，被大腦完全記住的最佳狀態。

舉例來說，如果問到「織田信長是在哪裡被殺的」，大多數的日本人都能答出

「本能寺」，那是因為「織田信長死於本能寺」這個知識，已經成為很多人腦中的長期記憶。

那麼要如何讓背誦過的記憶成為「長期記憶」刻印在大腦裡呢？

我認為只有「實際地多多使用」，像是經營者學習了會計和財務分析，之後就會實際地常常使用這些知識。而「實際地多多使用」最具效果的工具就是練習題。

解練習題對記憶的成形非常有效，多去想想平常不曾思考的各層面問題，如果真的不知怎麼解題，也可以只看解答。

如果有一半以上的問題都不會，千萬不要氣餒，而要嘗試如何解題，這麼一來比起猶如單純念經一樣將知識放入腦中，更能使大腦吸收，而且還能訓練應用能力，所以強烈建議各位使用這樣的方法。

施里曼精通數十國語言的方法

最後我要為看完這一章的內容後，還是覺得記憶沒想像中那麼容易成形的人，以及一開始就認為「背誦事項」很多而感到畏懼的人，報告一個好消息。

「人類持續進行記憶活動時，記憶力會越來越好」，擁有健康腦袋的人皆是如此，沒有例外。

而且「記憶力越來越好」和年齡大小沒有關係。

在記憶的過程中，大腦內神經細胞中的神經元數目，和年紀毫無關係地不斷增生，隨著神經元數目的增加，記憶力更是急速上升。

具體來說，剛開始你也許一天只能背十個單字，但記憶活動持續一個月後，就能輕鬆背起五十個單字——這樣的事件在現實中時常發生。

挖掘出特洛依遺跡的施里曼，也是很有名的語言學專家，他能在短時間精通一國語言，最後成為能使用數十國語言的人。

施里曼的語言學習法是「直接背誦法」，他曾表示自己的「記憶力不好」，但是在持續使用這個「直接背誦法」後，他的記憶力不可思議地向上提升了不少，簡單的文章也只要看過二～三次就能記起來（節錄於施里曼著書《對古代的熱情》），而且這是在他年事已高時發生。

我自己也在準備司法考試時，「直接背誦」定義等內容，而且也確實感受到記憶力有在成長提升。

不需要為「需要背誦」這件事感到害怕。因為記憶力是有「遞增性」的，也就是說「只要經常訓練，是可以不斷成長的」，剛開始或許覺得要背誦的東西像山一樣高，但不久後這座山就會加速地崩解，只要你不在中途臨陣脫逃……。

準則 **10**

死記硬背和完全熟記是好事

吉田松陰的創造性來自填充式記憶

我國一直有「填鴨式教育和完整背誦使得學習者的創造力折損」，或是「背誦會使人類喪失創造能力」等說法，但以結果來說，這樣的想法完全錯誤。

風評不好的「寬鬆教育」之所以會產生，應該有部分原因是在學習上「厭惡一直背誦」的趨勢所致，就連現今朝向教育改革發展的日本，在人們之間還是強烈殘留對「死記硬背」、「完全熟記」的厭惡感。

但是**我個人認為「在讀書這方面來說，去死背某些內容是必要的捷徑」**。

若是只有我自己這麼認為，說法好像有點薄弱，以下就列舉幾個強力的根據。

日本在幕府末期尊皇攘夷行動中的先驅者吉田松陰[1]，在十歲左右就已經顯現教導藩主講師的才情，實際上，他因為在斯巴達式的死記硬背教育方式下成長，才讓他成為如此有學問之人。他從小就要一直拚命背誦漢語等知識，因此除了老師之外的大人們都很擔心，並批評「這樣的教育方式會折損孩子的創造力」。現今社會也有很多抱持這樣想法的教育工作者，和當時的思想比較，並沒什麼太大的改變。

然而這樣的做法完全沒有損及吉田松陰本身所擁有的創造性，他之後也成為改變日本歷史導火線的其中一人，人生因此有著劇烈變化。而且他在松下村塾教導的學生，後來也都成為歷史劇烈轉變下，支撐日本從幕府走向明治時代的中流砥柱。

此外，聽說猶太人自小就接受猶太教教義的「熟記」教育，理由似乎是「要在幼年期將腦容量撐大」。若是以物理學家愛因斯坦以及數學家馮紐曼[2]等天才，或得到諾貝爾獎的學者接二連三出現這點來看，猶太人的填充式教育完全沒有損害到孩子的創造力。

為什麼「看不懂還是要熟記」？

看到這或許會有人搶著回答：「我懂，讓孩子接受填鴨式教育就對了。」

等一下，請不要就這樣貿然下結論。給孩子接受填鴨式的教育方式當然可以，不過在那之前，請先自己親身試驗看看。

就如同我先前已經說明過的，記憶力和年齡無關，所以對已經有些年紀的人來說還是能做到「熟記」、「硬背」某些知識，而且只要平常多訓練，就可以使記憶力快速提升，因為在背誦訓練的同時，大腦內的神經元數目會不斷增加，也就是所謂的「腦力」也會達到一定水準以上的發展。

順帶一提，剛進入大學的那段時期是我記憶力最衰退的一段時期，考試結束後不僅鬆了一口氣，連上課也是愛去不去的，時常蹺課……，因為過著這樣的生活，使得我連很簡單的漢字都忘了怎麼寫，也因為大學四年來一直持續這樣的悠閒生活，使我整個人都成了「廢人」。

但就在我決定接受司法考試時的二十九歲，記憶力急速提升之程度，實在快到連我自己都不太敢相信。

1吉田松陰：日本長州藩出身的武士，是日本江戶幕府末年的思想家、教育家、兵法家。名列明治維新的精神領袖及理論奠基者。

2馮紐曼：出生於匈牙利的美國籍猶太人數學家，現代電子計算機創始人之一。他在計算機科學、經濟、物理學中的量子力學及幾乎所有數學領域都有其重大貢獻。

當時的司法考試有所謂的「教育選擇科目」，雖然我當時選擇的是「會計學」，但我完全聽不懂補習班的會計學講解課程，所以只好多次將老師說「一定要背起來」的部分（約占教材的三分之一），唸出來幫助記憶。例如「盤點存貨資產是指商品、製品、半製品、半成品……」，當時我連原因都搞不懂就只是硬背起來。

但是**隨著不斷背誦內容，出現了神奇的「後來就能理解的現象」**。因為會計學是屬於系統性知識，要理解其中一部分，就要想起其他部分的道理，要不然很容易使大腦處於混亂狀態。相反地，我以多次背誦為前提，竟完全看懂了損益計算表和借貸對照表的內容。

以剛才的「盤點存貨資產」為例，雖然「盤點存貨資產」算是資產的一種，但因為行業種類及營業情況，常常會有「產品滯銷」的情形發生，也就是庫存過多。

在聽到盤點存貨資產大多都是單純擺放在倉庫後，我突然想起之前曾背過的「商品、製品、半製品、半成品……」，接著就想通「原來商品、製品、半製品……，這些東西常指買賣後殘留很多的意思」。

在日常生活中有不少這樣先將不懂的知識刻進腦中，日後能更加深入了解其意涵的實際例子。

這麼說來，去世已經超過十年，人氣卻不見衰退的日本前首相田中角榮，似乎也有能完整背起有關行政上的細微數據，及各部會公務人員長相和姓名的能力。

不管是在國會答辯或委員會，田中角榮單憑記憶就能以細微數據對答如流，讓旁人感到驚訝；而他在政府機關中向某公務員寒暄時說出：「〇〇先生，聽說你最近結婚了。」不禁使職員對他產生感激之情。

雖然「熟記」和讀書方法沒有直接關係，但是在現實生活中，「熟記」這件事可是能發揮極大效用的。

原本設想的反論和再反論

看到本書內容後，一定有不少人可以說出好幾個反論，我先舉出具代表性的二個例子，接著提出這些反論的再反論。

反論一▼現今搜尋系統發達，根本不需要熟背某些東西

常聽到有人表示「最近只要在網路上搜尋，就可以立即得到需要的資訊，根本不用一一死背某些東西」，但是這樣的想法不是現在才有，我在讀大學時，講授行政法

的鹽野宏教授就曾經說過：「只要了解文獻和資料中所要表達的東西即可，不用死背其中的內容。」

像大學教授這樣，面對龐大文獻資料時，需公正不偏頗的人士來說，如果要記起所有內容是相當困難的一件事。但是對於一般的實業家以及經營者來說，最低限度需要去牢記的事項，和以上所提的完全是兩碼子事。

舉例來說，當你在會議上拿到某家公司的財務報表，那時候你必須具有看一眼就知道那家公司財務狀況的能力，使會議得以順利進行，如果你為了計算某款項及財務分析而打開電腦搜尋，能力一定會被大大質疑。

像我從事的律師工作也不例外，萬一我在法庭上表現出連基本必知的法律、判例和事務手續都不懂，對方律師一定會露出一絲勝利的微笑；相反地，如果我能讓對方產生「連這個都記起來」的驚訝，而且展現出什麼資料都不必看就能侃侃而談的樣子，就會像之前我所舉的田中角榮前首相的例子一樣，讓對方律師了解到什麼是「一開始就知道勝負已定」。

雖然什麼都可以在網路上搜尋，但如果一開始沒擁有一定知識，當然不知道該如何下手搜尋，就算誤打誤撞找到需要的資料也要花上一段時間。

因為在網路上搜尋一個關鍵字，就會出現與其相關的幾千、幾萬筆資料，而要在其中找到自己需要的部分是很花勞力的，以我的名字「莊司雅彥」來說，只要在網路搜尋一下，就有一萬六千四百筆資料出現（寫作時搜尋的結果）。光用我的名字就能搜尋出那麼多資料，更何況是一般用語了。

反論二▼知識時代結束了

社會學家中首屈一指的丹尼爾・平克（Daniel Pink），在他的著作《*High Concept*》中提到「必備的知識會有越來越多的供應源，比起創造傳奇的能力，擁有更高次元能力的人，才能在之後的時代獲得成功」。

這麼一來，是否代表著「不需要去熟背某些事項」？

我認為平克先生應該不是這個意思。各種熟背過的東西會在大腦裡產生關聯性，激起某種「化學變化」，進而產生新的想法。創造出美麗的設計、寫出感人故事的能力，都是在大腦接收許多資料，經過加工後，以獨特型體向外展現的結果。

如果不讓大腦吸收資料，就不會有東西產生，假使不能了解這麼理所當然的道理，是相當可惜的一件事。

不管搜尋機能如何進步，還是有許多事項需要熟記，「熟記某些事項，能使相同種類的知識」產生化學反應，創造出獨樹一格的東西。

「熟記」某些事能使大腦中的神經元增生，絕對能提升你的「腦力」。

完全熟記內容的超級技巧

接下來說明能使「死背熟記」效果加倍的方法。

假設現在要背英文單字，不知道各位有沒有試過來回幾次將單字唸出聲，再稍微確認一下以為自己記住的經驗？

就結果來說，這只是記得單字，而不是熟記單字。老實說有很多人把「要熟記」和「已經熟記」給搞混，然後單純覺得自己已經記起來，但其實並沒有熟記，於是在之後感嘆：「啊！把背好的東西給忘了。」

因此在這裡要來介紹幾個真正稱得上是「熟記」的方法。

具體來說，就以剛剛所舉的，背五十個單字的情況來做說明。一開始要把單字和中譯大略看過並將讀音唸出來，接著將中譯遮住，測試自己是否可以光看英文單字就知道中譯，不能答出來的部分就做個記號，接著把有記號的單字再照這樣的方式測試一遍，將不會的地方做上記號，如此反覆實行。

反覆這個動作直到做記號的地方只剩五～六個，而且能立刻且完整答出其他單字的中譯，就可以算是完成第一階段的工作。

第二階段是將英文單字遮起來，實行「只看中譯答出單字」的動作，在想不出來的部分做上記號，接下來的動作就和之前一樣。

其實應該有很多人平常在背單字時，都是這麼做。

但最重要的地方是我以下要「提醒」的部分。在大概記得差不多的時候，將單字順序重新洗牌做些更改，於是發現一件很不可思議的事，明明覺得已經完全背起來了，卻答不出中譯的情形接二連三發生……。

最主要的原因，就是我們在記憶時會把順序和書寫處在腦中作連結，只要把順序和書寫處改變，常常會有一下子答不出來的情況發生。

我在讀高中時，會把要背的東西寫在單字卡上，然後把已經記起來的單字卡放到書桌左方，還沒記起來的部分則放在書桌右方，直到所有單字卡都放在左方為止，反覆進行背誦工作。接著再把所有單字卡放在一起，洗牌變換順序，一樣重複相同的確認工作，直到所有單字卡都放在書桌左方。

就算這樣做，還是會有幾張單字卡一直出現在書桌右方，這時可以把這些單字列入「難度單字卡」，考前再集中複習，以產生新的連結形式。

如果能夠做到這種程度，就算改變單字卡順序，不管是看英文或中文部分，都應該能在當下完整的記起來。

最後要再叮嚀的就是，在就寢前，把所有單字卡都看過一次後再入睡，因為睡眠時的忘卻率極低，在睡前確認背過的東西非常有效果。

但有一點要特別注意，如先前提到的，集中進行同項背誦活動會使記憶效率降低，所以最好穿插其他學習活動進行。

雖然這樣說有些嚴苛，但如果沒辦法做到這樣程度的記憶工作，就沒有資格說自己是「背過了卻忘記」，在擔心「忘記」前，重要的是要先「徹底記起來」才對。

女兒準備四星期就通過英文檢定考

在徹底的記憶過後，接著就是「如何保持這些記憶」。

之前也曾提到，時常在正確時間喚醒記憶的話，能使記憶長期儲存在大腦裡，根據心理學的實驗結果，使記憶存放一段時間再進行喚醒活動的做法，可使記憶更容易成為長期記憶。

因此，我認為**與其在記憶隔天複習，不如等到後天再進行這個動作，而第二次的複習則是在一星期後**。

接下來我想說明一下，女兒以此方法複習的實驗結果。

我認為應該要讓女兒早一點接觸英文，於是在她讀小學四年級時的九月，讓她接受英檢五級的測驗，但那時候距離考試只剩下四個星期。

我立即買了封面上登有斗大標語，號稱能在「兩個星期」學習完成的教科書和練習題，依我的判斷「兩本如果都能在兩個星期完成，那總共只花費約四個星期」。

首先從教科書上的「Lesson 1」開始，每天要讀完一個章節，兩天後再做複習。也就是在讀「Lesson 3」的那一天，同時複習前天讀過的「Lesson 1」，如此中間會有一天的空閒時間，可以反覆進行喚醒記憶的工作。

女兒很順利地將教科書在兩星期內讀完，因此按照「原計畫」開始準備練習題，但女兒卻以有點糟糕的表情，笑著對我說：「爸爸，我看不懂它在寫什麼……」

當時女兒在學校還沒開始學寫英文字母，因此以英文書寫的問題和選項她完全看不懂。在她念教科書時，都是我在旁說明或是讓她聽CD講解，以此跟著進度學習，但現在遇到需要自己閱讀的部分她就沒辦法了。

這時我才愕然驚覺：「還有這個盲點！」但又想：「如果這樣就認輸，有辱我自稱讀書方法專家。」所以我一口氣改變了作戰方針，傳授女兒一個「就算看不懂題目的文章單字，也可作答的方法」。

具體來說「題目中有『what』的話，答案絕對不能選『Yes』或『No』的選項」，或是「題目中若有『or』，答案就會是在or前面或後面的單字，只要選一個寫到作答欄內即可」，就這樣完成了作答的「祕訣」。我讓女兒邊看解答邊作題目，直到考試前都一直讓她這樣參考答案。

雖然女兒的英文能力幾乎是零，但在這次考試中，比起最低合格分數還多出了九分，順利通過測試。

其實這不算是個讀英文的正確方式，所以不建議大家這樣做，畢竟腳踏實地學習才是應有的讀書方式。

但是如果遇到「無論如何都想合格通過，只要能記住要領就好」的狀況，可以參考是否要使用這樣「有違常規的伎倆」或是「非常手段」來快速達到目的。

儘管做了很多練習題

等到該記起來的東西都徹底背好，記憶也成形後，接著就是要拚命作題目。如果你是屬於不擅背誦的人，或是背誦作業進行不順利時，也可以先挑戰練習題。

解練習題有一個很大的好處，「不僅能確實地幫助記憶定型，還能使大腦真正理解背過的東西道理何在」。就算原本沒有記熟的部分，也能經由題目呈現的重點內容，加深大腦的理解力和記憶力。

在解題時完全不用在意「是否解得出答案」，要相信「在解題的過程中，記憶力和理解力會有一定的進步」。不要感到氣餒，多做題目，若是遇到思考很久還是不會的部分，不妨快速地看一下解答說明。

如果做同類型習題一段時間後感到有些厭煩，可以換別的練習題作答，總之要想辦法使自己充滿「幹勁」，抱有多做點題目的想法。

作答方式也和之前記憶英文單字的做法一樣，在不會的題目上做記號，直到所有做記號的題目都懂了之後，就結束這一部分的工作。因此最好先從收錄基礎問題的薄練習題本開始進行，如果是分「基礎篇」和「應用篇」的一般練習題本，先將基礎篇的題目做個二～三遍（不會的題目做記號，反覆做二～三遍）會比較有效率。

如果能力不夠就直接挑戰應用問題，不僅使自己很辛苦，也會讓讀書變得痛苦，浪費許多時間。會在應用問題上碰壁的人，大多是對基礎問題了解不夠徹底導致。

專欄 快速學習法之基礎技巧 法律學篇

只要掌握最重要的兩點，法律一點也不難！

除了司法考試的考生，大家都需要對法律有一定程度的了解，因為許多的資格考試都會把「法律」定為必修科目。

我在準備司法考試，以及後來教書時，接觸過許多證照考生，從他們身上我得到「在法律這門科目，擅長者和不擅長者之間有界線存在」的結論。

而他們之間的界線，可分為以下兩點：

① 是否了解「法律學其實就是解釋法律條文」

② 是否知道「法律條文是有體系的」

法律學的讀書重點真的只有這兩點而已，換個方式來說，只要徹底了解這兩點，在法律這科目上就一定能有長足進步。

首先說明「法律學其實就是解釋法律條文」這一點，想像你正在讀「民法」，一般來說都會挑選評價不錯的民法教科書，或是自己偏好的書，有時還會去補習班上這類課程。但去讀解說民法條文的書籍（稱為法典）的人出奇的少，照理來說，應該先熟讀條文，再思考這樣的條文怎麼解釋，以及適用怎樣的問題，然而很多人卻本末倒置，不採用這樣的方式。

學生時代，我都會在搭電車時帶一本口袋書大小的民法法典來讀，然後不禁敲了膝蓋這樣想：「課堂上使用的艱難教科書，只不過是寫有條文解釋和適用處的概說書籍罷了！」因此我出乎意料的很熱衷於學習法律。

接著要來說明「法律條文是有體系的」這一點。民法依項目分為「總則」、「要件」等，憲法也分為「政府機構」和「人權」。

舉例來說，如果遇到民法上的「買賣」問題，可以先查有關買賣「契約」的部分，還不能完全處理好的話，就要回到「總則」來進一步探討。這就是所謂的隨著條文的體系理解，只要想著憲法以「個人尊嚴」為最大基本價值，就能推出「政府機構」只是尊重「人權」最大限度的使用工具。

如果能像這樣整體性地學習法律，相信在學習過程中會充滿樂趣。

對於不得不讀法律又覺得法律學很困難的人，請記住「法律學其實就是解釋法律條文」和「法律條文是有體系的」這兩點，再來學習這個科目。

準則 11

不要在意讀書時間！

在大腦無活動力時讀書沒有任何意義

要參加資格考試或入學考試的人，一定會產生這樣的疑問，「一天到底要花多少時間讀書？」

相信許多人都有自己提出或被詢問此問題的經驗，但是探討這個問題實際上沒有太大意義。

常常聽到有人說：「比起讀了多少時間的書，讀了多少內容才是重點所在。」也有很多教你讀書方法的書，會寫出和這段話相似的意見，而事實也確實如此，不管一天花多少時間（形式上）讀書，重要的還是你讀進去的內容，這完全是正確的想法。

另外還有一點要特別注意，很多人會誤以為自己已經「讀進去」了，但實際上只是「讀過去」，換句話說就算已經讀完當天的進度，但很有可能都沒讀進腦袋裡，這麼一來那天讀過的內容對你來說，就完全不具任何意義。

所謂「只是讀過去完全沒進到腦袋」的典型例子，就是在讀書時產生睡意，邊斥責、提醒自己別打瞌睡邊讀書的狀況，相信不少人都有過這樣的經驗，強忍著睡魔纏身，一直鼓勵自己要撐下去，但實際上眼睛看著教科書，內容根本沒讀進腦袋裡。

我在還未熟悉讀書方法前，也常有這樣的經驗，很滿意自己能讀書讀到深夜，總覺得有「讀完很多書」的成就感，但實際上的學習效果卻沒有想像中高。

等到我累積了一定經驗後，才了解到「讀書時一定要讓大腦保持活動能力」，如果在大腦沒有活動力的時間（產生睡意時）讀書，即使當天達到一定的進度，還是只算沒有意義的浪費時間。

具體來說，「邊對抗睡意邊讀書」會有以下幾個很難衡量的負面效果產生：

①邊抵抗睡意或是邊打瞌睡邊讀的內容，當然不會進入大腦。

②跳過以為「自己已經讀過的部分」，繼續往下面的進度走，在需要階段性認知的科目中，就會發現自己搞不懂「下一個階段」的內容，結果很有可能對此科目產生厭惡，中途就舉白旗放棄也說不定。

③打瞌睡的睡眠品質效果比正常睡眠還低，所以打瞌睡後，還是會殘留疲倦感，對隔

天的活動能力產生障礙。

總之，**學習就是要在大腦正常活動的狀態下，也就是大腦保持在最佳狀態的時候進行**。或許會有人感到憤怒表示「我知道要這樣做，但因為工作實在沒那個時間」，而我也了解這樣的情況。經過一天辛苦的工作過後感到疲憊，怎麼可能讓身體保持在最佳狀態，這些我都能體會……，但我光說些安慰的話應該還是不能對讀者們有所幫助，於是我想提出幾個方案給大家參考。

提案一 不勉強自己一定要在早上讀書

在我剛進入舊日本長期信用銀行，參加新進人員研習活動時，當時董事兼調查部部長的知名經濟學家竹內宏先生開了一門課程。

在課程中他說過這樣的一段話：「我從年輕開始就在早上三點起床，每天趁著頭腦還清醒時學習，到了傍晚頭昏腦脹才來處理銀行業務（笑）。」而竹內先生早晨長期學習的成果，以及他之所以成為著名經濟學家的過程，也記載在其著作《經濟學就在你身邊》等書中。話雖如此，在竹內先生的課程結束後，人事部的研習活動負責人卻態度強硬地對我們說：「你們絕對不能仿傚竹內先生，在腦筋不清楚時才來處理銀行業務。」

最近在書店裡似乎有比當時還多，強調早晨學習效果的書籍出現。不曉得讀者當中是否也有偶然興起決心要在「早晨學習」，於凌晨三、四點起床，翻開參考書的經驗？雖然這樣說很失禮，但應該有不少人在早晨學習這件事情上遭受挫折。受挫的原因是「意志力」太過薄弱嗎？

答案是否定的，大多數人之所以遇到挫折絕不是因為意志力薄弱。

老實說我也有好幾次挑戰早晨學習的經驗。當時我凌晨三、四點就起床，覺得自己有旺盛的意志力，然而一旦開始閱讀書上的字，不到一小時眼睛就開始感到疲憊，就算中途停下來休息，再讀個一小時左右，就筋疲力盡了，而代價則是累積了大量的疲勞感，使當天在工作和讀書上都因此受到影響。

於是我抱著「過一段時間就會習慣」的想法，強撐了一個多月，但這樣的症狀還是沒有得到任何改善。

為了修正我在那段時間的癡呆，特地去購買之前也介紹過（參照第四十一頁）菲力浦的「能源燈」，想要好好調整自己的「清醒狀態」，這樣做以後真的減少許多疲憊感，也讓我了解到早上五、六點起床讀書的效果，會比三、四點起床來得好。

我覺得是因為我的「交感神經」和「副交感神經」很頑固，無法如己所願好好轉換所致（當然依個人體質不同也會有所差別）。

人類的身體在白天的活動時間，使身心感到緊張和活動力的「交感神經」會發揮作用，相反地在夜晚的睡眠時間，使身心放鬆以及壓制能量消耗的「副交感神經」則會開始工作。所以在進行使大腦完全活動的讀書等行為時，「交感神經」就必須展開作用。

早上三點起床，有些人的交感神經能立即轉換，但也有人和我一樣無法立即清醒，繼續在負責睡眠狀態的副交感神經支配下，只累積了疲憊感，而且有這樣情形的人出乎意料的多。

能夠靈活轉換的人，可以嘗試在早晨學習，或是利用能源燈來幫助學習也是不錯的選擇。

另一方面，也一定有像我一樣，做什麼訓練都沒多大幫助的人存在，像我們這樣的人完全不用感到自卑，因為就算硬著頭皮繼續在早上讀書也是一件沒有意義的事，如同我先前提過的，「如果副交感神經還在作用，大腦還沒完全清醒活動時，硬來讀書是沒有效果的」。

提案二　製造最佳時間

看了我以上的說明後，當然會有這樣的疑問產生，「我知道不要勉強自己在早上讀書，那要在什麼時候讀書呢？」

針對這個問題，也考慮到讀者的生活方式，我提出三種方式給大家參考。

(1)將起床時間提早一些

這是為了上班或上學可以稍微延後時間出門的人，像「早上八點出門還來得及」的人所設計的方法。

我不會要你在清晨讀書，只希望你能早一點起床，如果平常都是七點起床的人，可以改為六點起床，還是不行就改為六點半。

如果能做到這種程度的早起，相信身體狀態也不會一下子差到哪去，這短短的一小時就能贏過夜晚的三小時，所以請在這短短的一小時或是三十分鐘內好好集中精神學習。

女兒在讀小學時，因為早上八點前出門即可，所以我都在早上六點半叫醒她，每天花大約一小時讓她準備中學入學考，以「起床↓沖澡↓氣功體操↓算數」……，這樣的流程讓她的大腦暖機，之後再做練習題，效果絕佳。

(2)運用在公司或學校的「空閒時間」

相信大家都聽過他人推薦，利用工作和課堂間的短暫「空閒時間」來讀書的方式，就算短短幾分鐘的時間，只要勤於運用，不斷累積就會成為一長串的讀書時間。

需要在外奔波的業務人員，可以利用搭車移動的時間看書或是聽有聲教材；如果工作內容屬於完成份內工作後，還要留下來的人，可以準備一張小紙條，壓在資料下偷偷看，或是躲到會議室裡頭讀書。

在學校上課時，如果遇到「沒有聽課價值的課程」，就邊做別的事，我在高中三年級時，就會事先在生物筆記本寫上數學習題，上生物課時就來解這些題目。

通勤或通學時的捷運或公車內等，都算是很好的讀書地點。

就算利用這些空閒時間來讀書，也完全不會對工作產生障礙，是不會給他人添麻煩的行為，只要不被他人發現，沒有什麼好感到愧疚的。

(3)回家後小睡二十分鐘再開始讀書

如果真的要回到家才有時間的人，先休息一下再來讀書會比較好，依照我和女兒以及其他人的經驗來說，休息時間在二十分鐘左右最適合。

休息時如果使用「氧氣輸送器」，對於大腦的疲勞消除有很大效果，因為大腦的運作需要氧氣，只要在休息時吸幾口氧氣，就能讓頭腦恢復精神。

我女兒每次放學回來後，都一副很疲憊的樣子，所以我都會準備一瓶氧氣罐給她吸個幾口，讓她休息二十分鐘，而那短短的二十分鐘可以提升好幾倍的學習效果。

腦袋不靈活時就要「補充睡眠」

經常聽到有人嘆氣說：「現在應該是大腦活動的最佳狀態，怎麼還是感到昏昏沉沉，完全提不起勁來……」而我本身也常有這樣的經驗。

這是因為體內的疲勞大幅累積，當氣候變化、身體不適應時也常會有這種現象產生，此外身體的生理週期調節能力下降時，也會使身體感到疲憊。

像這樣自己無法控制身體不適的時候，建議各位還是要持續讀書進度，盡可能做些簡單的複習，或是練習一些難度較低的習題，最好不要打亂原本的讀書進度，這麼一來，大腦的活動力就會越來越好（大腦科學的領域稱此動作為「大腦興奮作業」）。但是如果遇到「無論怎麼做大腦還是無法集中精神」的狀況，那也沒辦法只得先好好休息。

所謂的「休息」和「偷懶」是完全不同的二件事，如果在讀書時偷懶，之後就會有「慣性偷懶」的後遺症產生，連帶影響後來的讀書效果，但適當的休息不僅能使身心放鬆，還能儲存身體能量來源。

如果真的陷入沒有幹勁的窘況，不管怎樣就盡可能去「補充睡眠」，完全不需要對此產生罪惡感，只要想著這麼做能儲存身體的能量，好好地去休息。補充能量的休息，對讀書有一定的加分效果存在。

但是若把休息當作是偷懶藉口，是絕對不被允許的。

準則 12

基礎計畫表能使效果倍增！

了解最後「搞砸計畫」的原因

相信本書讀者當中，有很多人把入學考試或資格考試當做目標，下定決心要通過考試。

從以前開始，就入學考試來說，「準備考試」和「讀書計畫」有著密不可分的關係，但是就我過往的經驗看來，能夠「確實實行對考試有幫助的計畫」之人可是少之又少。

檢視我自己過去的慘痛經驗，在我以大學入學考試為目標的高中時代，每次都自己「搞砸計畫」。

在放暑假這樣的長假前，我都會意識到「有很多可以讀書的時間」，所以到處購買參考書，整個人充滿幹勁，但一直到假期快結束，參考書看起來都還是「全新」的樣子。

雖然如此，每到放假前，我還是會下定決心「這次一定要做！」而制定計畫，但每次都會「搞砸」，陷入自我厭惡的情緒當中。所以直到升上高三，驚覺已經沒有後路的我，為了不再重蹈覆轍，仔細思考我不斷「搞砸計畫的原因」。

而原因就只是極其簡單的一件事。

「計畫中的讀書內容分量太多，和實際上能做到的量有一段差距。」當時的我急於消化讀書量，過分減少睡眠時間，而且時間緊迫到連浪費三十分鐘都不行，用餐時也必須讀書，更別提要做「不在意料中的事」。

因此我想到的方法，是先把能在暑假或寒假讀完的教材，全部擺放在書桌上，再一一估算每一本教材能完成的時間。

舉例來說，桌上有本一百頁的問題集，假設一小時能做完十頁，全部解決就需要十個小時；依照這個方式，分別估計讀完其他參考書所需的時間。將所有「想讀的教材」所需時間一一算出後，接著就是算出全部教材的「總需時間」。

假設總需時間為五百小時，將讀完所有教材的期間以日為單位，定為二十五天，那麼一天就必須讀二十小時的書，這幾乎是不可能的事。

總需時間很明顯地比期限內「能夠實行的時間」看起來還長，所以放假前認為「放長假有很多時間」的這個錯覺，在這個時間點就給打破了。

我想各位之所以會計畫失敗大多也都是因為錯估時間。

認為有很多時間再加上很長的假期，特別「下定決心」訂定的計畫，大多都是「總需時間」多於「能夠實行的時間」。一定要特別注意這點。

掌握自己「能夠實行的時間」

這麼一來我就追究出我之所以搞砸計畫的原因，接著要仔細計算「總需時間」和「能夠實行時間」。

譬如開始讀書的第一天是八月一日，最後一天為八月三十一日，首先要準備橫線的報告紙和直線的活頁紙交錯疊在一起，左上方的格子往下依序寫「1、2、3、4、……31」的日期，旁邊的格子則寫上星期「一、二、三、四……」，做出自己的預定表，接著將課程和模擬考等事項一一記入預定表中。

高中時的我，以「早上／補習班課程／數學」這樣的方式把預定事項一個一個寫上去，而準備司法考試時，則以「補習班講座／民法」或是「模擬考試」的方式，把各式各樣的情況寫入預定表。

總之，最先寫入的預定事項是無法自己決定做或不做的事項（＝固定事項），以這樣的事項為第一優先寫入預定表，再把讀書期間的總需時間減去「固定事項所需時間」，剩下的就是「可以自由使用的時間＝能夠實行的時間」，像這樣把所有預定要做的事寫在預定表上，就更能好好掌握我們能夠實行的時間。

而且我還在預定表上設定一週最少要有半天的空白時間，這是為了預防那個星期發生意外事件的「補償時間」，也就是事先設下一個預備時間。

這麼一來讀書期間內「能夠實行的時間」總合就計算出來了，假設八月一日到八月三十一日總共有兩百小時左右（就算能夠非常專心在讀書的人，現實生活中也會有些事要處理，所以這是大約的時間）。

接下來我們先將「想要完成的課題」中，優先程度最低的幾個排除在外。

再用剛剛介紹過的方式來計算「總需時間」，有很多時候，在去除不必要的課題後，還是需要三百～四百小時。

相對於能夠實行的兩百小時，總需時間卻為三百～四百小時，看到這樣的數字，一定感受到自己所剩時間真的不多，我也時常在完成估算數字後，腦袋一片空白。

但這不是發呆的時候，因為之後會有更殘酷的艱困作業等著你……。

最強的計畫表誕生

所謂的艱困作業是指「配合能夠實行的時間，將篩選過的課題再刪去的動作」，也就是說將上一次列出的課題，再次篩選出想讀的，並將優先程度低的課題除去。

但在做這件事時，心情是很複雜的，因為要把「僅存」的課題再大刀闊斧地刪減一番。儘管如此**為了提高整體的實行效率，不得不將優先順序較低的幾個課題捨去**，這麼一來，只有真正重要的教材及課題，因「能在期間內實行完畢」而留下。

嚴格篩選絕對要讀的課題後，接著就是依照目的分配每天的時間。

先將各個課題列記在剛剛的預定表，在每個課題旁劃上直線，那麼就會和寫有日期的地方區隔，行列式的行程預定表完成，我幫它取名為「基礎計畫表」。

■基礎計畫表範例

※完成部分以螢光筆上色

	憲法入門	憲法問題	民法入門	民法問題	刑法入門	刑法問題
8/1	2	1	1			
2		2		2	1	
③	1		2			2
④		1	1	1	2	
5	2	2			1	1
6	1		2	1	1	
7		2	1		2	1
8	1	1	1	2		
9	1		2	1	1	
⑩	1	2				2
⑪		1	1	1	1	1
12	2		2	1		
13	1	2		1	1	
14		1	1		1	2
15	1		1	2	1	
16		2		1	1	1
⑰	1		2		2	
⑱	1	1		2		1
19	2	1	1		1	
20		2	1	1	1	

（此表僅為實際基礎計畫表的簡略示範）

拿我在準備司法考試的做法來說明，那年八月一日×「憲法入門」的項目欄內我寫上2，而「憲法問題」和「民法入門」為1（請參考第一百四十五頁的例示），這些數字代表的是讀書時間，也就是憲法入門讀兩小時，憲法問題和民法入門各讀一小時。

這裡應該要特別注意「一天之內不要長時間讀同個科目」（因此讀憲法入門的兩小時最好也分成兩階段），因為長時間鑽研同一門科目會降低學習效果。最好將能「區隔開來的最低單位」一個一個寫入直欄，讀書內容也儘量地多樣化，極端一點的做法就是把剛剛的「憲法入門2」分開書寫會比較清楚。

完成基礎計畫表後，剩下的工作就是照著上頭的進度讀書，建議各位可以使用多種顏色的螢光筆把讀完的課題塗上顏色，不僅對讀書內容一目了然，將各科目以不同顏色區分更能掌握各科進度。

計畫表能扼阻讀書時的不專心

看了以上的說明後，工作忙得不可開交的人可能會有「我算不出每天自己能用的時間」或是「每天能讀書的時間只有一些些，就算做了計畫表能達到效果嗎？」等疑問產生。

但是就算對那些一天只有一小時能讀書的人來說，這樣的計畫表也一定有它的效果存在，即便只是「早上一小時」或「通勤一小時」的計畫表也沒關係。

因為做了計畫表還能產生另外的效果，那就是能防止讀書時的不專心。

讀書時的不專心，就是心裡想著「今天別做預定的練習題，改讀新買的教科書好了。對了，最近也很少做考古題……」

相信有很多人都有過像這樣隨當天心情更改讀書內容的情形發生，這種心裡想著要做其他本教科書或問題集的心情，就稱作「讀書時的不專心」。

人類遇到要讀書的時候，常常會打不定主意變來變去，最糟的情形就是變得不想讀書。

在這種時候，如果有事先做好的計畫表，已經嚴選過必讀的課題，並且標明在表格上，就不得不照計畫實行要最先完成的內容。

也就是說，**基礎計畫表可以防止善變的心情，還能排除當天要實行計畫前「猶豫不定」的時間**。

另外這個基礎計畫表還有一個效果，當你完成當天課題後，恭喜你就可以被無罪釋放，剩下來的時間可用來喝喝小酒或是聽聽音樂，自在地做想做的事。

如果事前沒有決定好要讀的課題，就算讀了很多內容，之後還是會覺得「是不是應該再多念一點？」內心感到愧疚不安，喝酒也不會覺得好喝。

照表操課的成就感和充實感，會讓人感到格外興奮。

每天達到目標後的成就感，可說是非常充分的「自我獎勵」，而且在日後確認自己努力過的足跡時，也能加深我們一定要達到「成就感」的毅力。

以大腦科學的觀點來看，如果將每天完成的課題像寫日記一樣記載下來，只要常常看就可以達到複習效果，所以只要製作一個基礎計畫表，每天這樣持續將當天完成的課題反覆看個好幾次，就可以達到理想中極大的複習效果。

「長期」、「中期」、「短期」的三循環理想計畫

介紹完基礎計畫表的做法後，接著做更具體的說明。離考試只剩三個月時，該如何做讀書計畫？只剩一個月時又要怎麼訂計畫表？

各種考試的性質和考試日期當然有所差異，但原則是要有「至少可以來回讀三遍」這樣的想法。之前也曾介紹過，所謂的「循環」是將內容從頭到尾看過一遍，以看過三遍最有效果，而且循環的期間又可分為「長期」、「中期」、「短期」三段方式（要做到滴水不漏的話，可以在考前再加上「最短期」）。

如果只剩三個月的讀書時間，「長期循環」可訂為兩個月，「中期循環」三星期，最後剩下的九～十天則為「短期循環」，將內容讀過好幾遍，接著在考前一天再將內容快速看過一遍。

我在準備司法考試的選擇題考試時，就訂定了從新年開始到五月的讀書計畫（當然不是都只準備這一項考試而已，也做了其他計畫表，只是這裡沒有討論）。選擇題考試包括「憲法」、「民法」、「刑法」三個科目，我先以各科的教科書和考古題為主，訂定一月～三月，三個月的「長期循環」讀書計畫，接著將三個月來讀過的內容，以四月整整一個月的時間做記憶成型的「中期循環」，進入五月後離考試還有十多天時為「短期循環」，也就是最後完成階段的第三次循環，然後在考前一天將看過三次的內容，快速地看過去，結束讀書計畫。

這個方法出奇的有效果，儘管我是在前一年的十月才開始準備考試，但是五月的選擇題考試，我就獲得合格成績（雖然申論題考試沒過，但就如同之前所提，我獲得總成績七等級中的B評價）。接著隔年到各大補習班參加考前模擬測驗，我都能得到前十名的好成績，申論題考試和口試階段最後也都順利通過。

「三循環讀書法」的三個效用

運用三次循環讀書法究竟會產生怎樣的效果，以下主要分為三點來進行說明。

效用一▼能使大腦中的記憶完整保存

將內容讀過三遍後，大腦很容易就能將內容記起來，這一點應該不難理解。對人類來說，三個月前學習過的東西，應該說一個月前學習過的東西，就很難完整在大腦中完全記起來，但是經過三循環讀書法後，剛開始的第一次為「學習」，之後的第二次和第三次則為「複習」，能使記憶更加鮮明。

效用二▼能產生相互理解作用

司法考試的民法，大學入學考試的世界史、數學……，考試前一定要記起來的內容範圍多到無法想像，這個時候若是使用三循環讀書法，就能在掌握某科目整體架構的同時，也將腦中片段式的知識重組成體系。

已經考完大學的人，不妨試試在一天內將數學、世界史或是物理等的薄教科書粗略看過去，有法律系背景的人則可稍微翻一下民法的入門書籍。

這麼一來會明顯感受到「分散的記憶以及理解的事情，會出現意想不到的相互連結關係」。以民法來說，能夠了解到一開始的「總則」以及「契約各論」之間的關聯處，還有實際上條文的適用與否……，如果是數學這個科目，就能掌握到幾何和代數的一體性。

現今的教育系統，是用教科書從頭開始教起，穿插「小考」，過了一年就接近學習尾聲——而在社會上採用此種教育方式的占多數。但是像這樣花一年仔細學習的做法，是無法完整觀察學科的整體架構，也看不出學習「體系」。

因此，讀過一次內容後，一定要在短時間內溫習；自己能編排進度的話，不會的地方就冷靜地跳過，只要將教科書比較好理解的部分多看幾次，從一開始就掌握學科

的整體面向，這樣的學習才是比較有效率的方式。

而這也能適用於應付考試，因為考試委員和出題者喜歡的出題方向總是以「能否理解整個體系」這樣的題目數量最多。

準則13

徹底利用右腦的力量

人類的大腦分為左腦和右腦，雖然近年來兩者的功用經常被拿出來討論，但為了謹慎起見我還是在此做些簡單的複習。

右腦掌管影像和感官功能，左腦則管理我們的語言活動及邏輯思考。在日常生活中和他人交談，書寫公司內的文書作業、發電子郵件等活動主要都使用到左腦，而欣賞畫作或是藝術品，聽音樂時則是使用右腦。

此外左腦和右手的動作，左手和右腦也有密切關係，也就是說手和大腦的關係是左右交叉的，如果能平均地使用雙手，右腦和左腦的活動力也會更加和諧。

儘管左撇子的人數比右撇子少很多，但達文西、愛因斯坦、拿破崙以及比爾蓋茲等多數名人，似乎都是透過左手的活動來刺激右腦的活動力，而右腦活動力更讓他們達到至高的成就。

視覺化能刺激右腦活動

近年來右腦功用逐漸受到注目，所以有很多介紹使用右腦的讀書方法出現。其中大多打著「會產生令人意想不到的成果」這樣的噱頭，雖然現在這個風潮依舊盛行，相反地也有很多人已經開始厭煩一直強調「右腦有多神奇」的話題。

我也無法反駁在一片稱讚右腦的讚賞聲中，有人產生懷疑的這個想法，事實上我自己也曾經體驗到和右腦有關的「照片記憶」效果，由於這樣的記憶方式真的很有用，所以在此章節會做詳細說明。

相信很多人都曾有過這樣的經驗，在看報紙或雜誌文章時，會先大略將全部內容瞄過去，接著就能粗略得知「版面的某個位置登了什麼內容」。

像是看報紙時，只要眼睛掃過幾個「斗大的標題」，就能記起在哪個地方有多大內容的新聞篇幅；在電車上突然看到車廂內廣告海報時，長短不一的廣告標題會映入眼簾；走到街上各式各樣的廣告看板也會爭相吸引我們的目光，而我們只要稍微瞄過，就能在腦中大略掌握「廣告的內容、張貼處以及訴求」等資訊。

最重要的是這個作業進行時，都是在「無意識」的狀態下，這和我們的右腦有著密切的關係。

人類的眼睛會在本人沒特別注意的狀態下，將許多的資訊視覺化輸入大腦，右腦也會不斷地活動。因此出外旅行，欣賞平常不能看到的影像時，就能讓我們的右腦加速活動，並藉此活性化。

最近市面上盛行將先前大賣的書籍圖解化，改變版面發行如期刊大小的書籍，我想這也是考量到要讓讀者右腦增強活動力，讓平常只使用到左腦功能的文字內容轉換成圖像，藉此加深右腦記憶所下的工夫。

右腦接觸到「突然看到的東西」和「形狀等影像」，或是「沒在想歌詞，純粹聽音樂」時會進行活性化。相反地，左腦則是在「仔細讀文章」（就是你現在所做的事）和「進行實際思考」，也就是在工作和讀書時進行活動。

另外值得一提的是，經常聽到「日本人的左腦疲憊」這樣的話，因為他們在聽音樂時一面使用左腦來思考歌詞意義，就連欣賞風景畫時也要用左腦思考導覽內容，日本人還真是喜歡造詣高深的生活啊！

文字情報也能靠右腦視覺化

現在標榜「只要使用右腦就能在短暫時間記起大量內容」或是「活化右腦便能產生極佳的學習效果」的話語逐漸增加。

對讀書方法抱持旺盛好奇心的我，只要書籍價格不要太誇張，我都會買來試試看。但是老實說，這些號稱能活化右腦的讀書方法都無法直接說是「能夠全面地提升效果」，雖然「好好利用右腦，能有某種程度上的提升」也是不爭的事實，所以接下來就來針對這點做說明。

近年來的研究報告顯示，「藉由文字只能傳達出一個資訊整體七％的內容」，也就是說看了一本印有一百頁文字的書籍後，只有七頁的情報內容會進入大腦。

聽了我以上這番說法，一定會有這樣的叱責聲浪出現：「怎麼可能會有這種愚蠢的事，光是純文字小說就能感動我。你的意思是，以文字感動人的小說家，只要寫出內容的七％就能夠感動人嗎？」

聽到這樣的意見，大家一定都認為這完全能推翻我剛才的說法。

但是這是個極大的誤解，因為我們看純文字小說時，會在腦中勾勒畫面，就算作者沒提及主角的長相，讀者還是可以自行想像主角的面貌，不管是汗如雨下的格鬥場面，或是令人心跳加速的愛情畫面，大多數的人都可以藉由文字來想像。

就算文字只能傳達出七％的內容，還是要去讀那七％的情報，使右腦產生影像來吸收這些知識。

因此比起漫畫，閱讀文字更能鍛鍊我們的右腦活動力，同樣的道理，聲音教材比DVD更適合用來訓練右腦腦力。

不熟悉英文單字還是可以考上東大

基於上述說法，使用既有教材活用「右腦」提升效率的方法是存在的，以下就來說明介紹。

首先就是「使用電子辭典不如使用字典」，特別是英文字典、六法全書或是稅務申報書等，只要是為了讀書而使用的工具，一定要是用紙張印刷出版的書籍。

最近常常看到學生們使用電子辭典，但我一點都不覺得這種行為值得稱讚。

我想應該有很多人在使用英文字典或是六法全書時，有過那種「翻了好幾次就能記起來」的經驗。而且翻開英文字典時，不僅能看到自己要找的單字，還能在同一頁自然地「一覽」其他單字，只要查一個單字，這一整面的單字無形中就能達到活化右腦的功用。在多次翻閱自己要找的單字過程中，自然而然也會記起這些單字是在字典的哪個部分（具體來說像是「左頁的右下角」等）。

只要翻開紙製字典，左右頁面自然會進入視野範圍，因此形成「一個視覺影像」刻印在右腦裡。在頁面上做記號的話，只要翻開那個部分，就能在右腦浮現那部分內容的一覽表。

我在準備司法考試時，模擬考只能使用公認的「司法考試六法全書」，這本「司法考試六法全書」和正式考試時，經司法考試委員認可準備的是同一本。

當時我一星期接受四次模擬考，因此常常翻閱「司法考試六法全書」，最後我居然記起「常使用的條文是在六法中的哪個部分」、「左右兩頁的哪個地方」以及「位於上半部還是下半部」，連其周邊的大部分條文也都能記起來。

在我準備大學入學考試時，英文單字集連一遍都沒讀過（正確來說應該是沒看完），當時有一本名為《考試用英文單字》的書籍大為風行，幾乎每個考生都人手一本，我自己也買了一本試試，結果在還沒完全熟悉內容前就念不下去了。

所以遇到較長的英文閱讀問題時，不懂的單字我會先猜意思繼續讀下去，之後再利用字典查詢那些不懂的單字，督促自己記起來。也就是說，藉由不斷地翻閱字典，讓單字的記憶在大腦裡留下來。

雖然這是個不讀英文單字集的英文學習方法，但一點都不能說這個方法有任何不好的地方，因為我就是用這種方法同時考上東京大學文科I類組以及早稻田大學政經學部，所以參加大學入學考試時，我的英文程度是因為勤於「翻字典」才能達到合格標準。

這些乍看好像是在繞遠路的學習方法，實際上人類的右腦本來就有「掌握一覽性的能力」，只要好好利用，使用右腦來增加學習效率並不難。

活用右腦的教科書加工法

最近的教科書，不僅大學考試參考書，就連法律書籍裡內容艱澀的部分，都改為彩色印刷或使用圖表講解。為了讓讀者能更輕易理解書中內容，不得不改變做法製造出平易近人的讀物。

對照十多年前只有文字的法律書籍，可以說是進步了不少。這些做法的改變，可以說「為了讓讀者右腦活動所做的嘗試」（雖然不知道作者是否真有這種意思）。

因此這樣平易近人的書籍裡，不管是大學入學考試或是資格考試的教科書，就一定要走上「網羅所有科目內容」的宿命，先不論預備學校的教材，依體系編排的教科書就不能只將「命題機率高」的部分編排進去，因為這樣的做法會使讀者不了解整個理論的來龍去脈。

也就是為達目的，一定要盡最大可能活用我們的教科書，因此我們必須對自己使用的教科書做些自我加工。而加工方式就以我二十多年前使用的「二階段標示法」來做說明。

以法律書籍來說，「二階段標示法」就是將說明「定義」、「結論」、「理由」、「判例」等地方，分別以不同顏色劃線，劃完線後再將其中特別要記住的幾個關鍵字詞劃分為一個個小區塊，分別以螢光筆和黃色鉛筆上色。

舉個例子來說，根據政教分離有關的最高審判例，其目的效果基準的記載中，有以下這段文字：「此目的必須具有宗教意義，而其效果不得違反特定宗教之援助、助長、促進、壓迫等憲法有限範圍內所訂定的政教分離原則。」

為了記起這段文字，我先將「判例」標題以藍色鉛筆劃線，接著將「目的」、「宗教意義」、「效果」、「援助、助長、促進、壓迫」等處以黃色鉛筆塗色。

這麼一來，看到這個地方時，就能馬上得知這是判例，並很快地找到關鍵字，而這部分的整體內容也能因此記在腦中。

實際上，剛剛寫到「此目的必須具有宗教意義……」這一段內容時，我完全沒有翻看憲法教科書，這個部分是我在準備司法考試時背誦過的部分，雖然日後沒再使用，但多虧了二階段標示法讓我現在一下子就能想起內容。

總而言之，**經由右腦輸入的影像內容，經過二十年，就算再以文章形式輸入腦中，都可以回想起教科書頁面上的影像。**

過了二十年也不會消失的影像記憶

這個活用右腦的「視覺影像掌握能力」而衍生出的「二階段標示法」，在我女兒準備中學考試時發揮了極大的效果。

當時我想知道自己在準備大學入學考試時的讀書理論，是否在中學考試也通用，便以女兒做這個實驗，也因為是自己的女兒才可以這樣做。

女兒要準備中學考試時，我們一家剛搬到東京，當時女兒才正迎接她小學三年級的第三學期，所以還沒開始學習理科和社會科目的內容，但不久後即在四谷大塚的「分組測驗」裡接受理科和社會科目的考試。

其他的孩子早在一年前就開始接受四谷大塚的「四年級預習課程」，充分學習理科和社會科目的內容，所以讓自己的女兒毫無頭緒地去接受理科和社會科目考試，對她來說真的是強人所難，但當時離考試所剩下的時間已經不到一個月了。

因此我將「二階段標示法」融入理科和社會科目的「四年級預習課程」教材中，並交代她將我劃線部分的內容多看幾遍，結果女兒在理科和社會科目考試中都拿到了高分，在全班約三十位學生中排進前三名。

所以說在教科書上以「二階段標示法」強調視覺記憶，再加上一定程度的理解能力，只要快速地翻閱教科書，在無意識狀態下將內容看過去，就能使右腦加速活動，記起重要事項。不管是參考書、字典或是六法全書，如能在加工後藉由視覺傳達到腦部，浮現整體內容的話，就是個好方法。

直到現在我腦中都還能浮現二十年前加工過的教科書內容影像。

增加右腦活動力的三個方法

利用右腦的讀書方式，確實比單純只用左腦思考的方式來得有效率（雖然說是否達到值得人們讚賞的那種程度，我還沒辦法下結論），而且科學會繼續往細部追究、證明下去，既然左右大腦各有不同的功用，均衡利用兩邊的能力來輔助讀書，一定會更有效率。

在這裡要來介紹字典和教科書外，其他日常生活中能增加「右腦」活動力的幾個方法。

我不是所謂的大腦科學家，純粹只是將自己親身實踐的方法介紹給大家，但其中有一個我自己設定的原則，「活化右腦時儘量不要用到左腦」。語言活動、邏輯理解以及推論等需要使用左腦的活動時，不適合同時進行活化右腦的行為。

以下就我個人的「右腦活性化方法」來做些介紹，因為在日常生活中很容易就能做到，請各位一定要試試看。

(1)在欣賞畫作或設計作品等時，不要思考它背後的意義，純粹用眼睛看就好

看3D照片（也就是立體照片，看的時候會突然出現立體影像，動一下又轉變為照片或圖像，據說對視力很有幫助而知名）時最好不要思考其他事情。

(2)聆聽冥想用CD

就算時間很短也沒關係，每天至少花一點時間聆聽「冥想用CD」（參照第四十頁），不僅可以消除腦袋中的疲憊感，大多數冥想CD中的音樂都可以喚起大腦中的視覺影像，能用來訓練將思考轉換成影像的能力。

(3)聽沒有歌詞的音樂

不管是爵士樂、古典樂或是外國音樂，不思考歌詞只聽音樂，以自己喜好一直反覆地聽下去是不錯的選擇。我自己也會在不讓自己感覺到肩頭緊繃的情況下，腦袋一片空白地聽音樂。

還有很多其他可以「活化右腦的方法」，只要以「不要想得太難＝不使用左腦的手段」為基準來思考，各位可以依自己的喜好更改變化。

專欄 快速學習法之基礎技巧 會計學篇

學習會計最好的方法是從「真的財務報表」下手

最近在市面上只要和會計學扯上關係的書籍都能大賣。

但我強烈感覺到，消費者中有很多人都只是認為「要成為經營者，至少要了解借貸損益表（資產負債表＝B／L）、損益計算書（P／L）以及現金流轉計算書等知識」；或者是身為銀行員和經營管理人不得不讀這樣的書，也有很多人是為了將來要接受會計師考試先做準備也說不定。

通常打著「會計學入門」名號的書籍中，唯有很少數會真的將財務報表詳列出來，導致最後只學到了銀行的缺點以及成本觀念的重要性……，而這樣內容的書又格外引人注目。

成本觀念的確很重要，如果經營者的成本觀念太過薄弱，很有可能落得公司倒閉或是破產的窘況，所以成本觀念是會計的第一步，但懂了這些也只能說是了解到會計學的基礎罷了。

我曾在以前的司法考試裡，選擇「會計學」為我的教養科目（現在沒有這個制度了），因此有一段拚命想在這科得高分的記憶。

會計學這門科目，其實沒有太多瑣碎的東西要記，但沒有一定知識的話，在看財務報表時就必須一項一項去確認，花費不少精力和時間。所以如果工作上需要應用到會計學，就去購買一本方便使用的基礎教材，把基本知識「背」起來。

一開始就去死背內容是很辛苦的事，所以還是先將教材看過幾遍，之後在網路上查詢一些可公開的公司財務報表，對照教材一一確認書上的內容說明，只要照著這個流程反覆查看十家公司的報表，自然就能記起某些事項。

特別注意，要先將同性質公司的報表集中一起看（鋼鐵業和鋼鐵業、汽車工業和汽車工業），等到對某產業有了一定的認識後，再去看其他產業的報表，以這樣的方式進行會比較有效率。因為各產業計算方式所需的要素有所出入，以同類產業做比較，會進行的比較輕鬆。

如果可以，在看完數家同產業公司的報表後，再去找尋幾家產業相近的公司報表，以這種方式進行能更加理解其中的道理，又因為它們彼此間的共同之處較多，能使你對其財務內容更深入地了解（例如看完幾家汽車公司報表後，可以試著找一些同樣是需要輸出才能賺錢的機械公司）。

會計學這個領域，學習知識只能說是「英雄無用武之地」，直接了當地說，有了這些知識也沒多大的幫助。因此，擁有這些知識後就是要實地去做財務分析，而這一點也不難。

前些日子，有很多「企業分析」的書籍發行，只要擁有這些程度的知識就夠了。不管是「流動比率」、「盤點資產回轉率」，以及「營業利益」到「扣稅後淨利」等重點都能輕易掌握，所以請一面快樂學習一面實地操作幾遍。

網路上就能輕易找到實際的報表樣本，所以一天就算只花三十分鐘分析報表也沒關係，持續一個月，相信會對分析財務報表這件事樂在其中。

而且財務等報表對股票投資來說，是很重要的判斷基礎。

憑靠獨特的股票投資法而成為大富豪的華倫．巴菲特，也是因為對投資對象事前徹底調查，才決定是否投資，達到今日的成功。投資股票時，事先對該公司的財務做分析，能使得投資成功率提高不少。

第3篇

一口氣提高成果的訣竅

準則 14

「追根究柢」培養邏輯能力

近年來突然有以「邏輯性」為主題出版的書籍出現，或許是因為社會正在全球化（特別是美國化），從前一板一眼的行事作風，以及看場合行動的做法，似乎已不適用於商業社會。

先不論喜歡或討厭，不管是學生還是社會人士，都不可缺少邏輯能力。

因此，本章節要來說明「不論是誰都可以做到的邏輯能力培養法」，只要將此方法化為習慣，保證讀者們的邏輯能力會跳躍式地向上提升。

針對所有事物「向自己提問」

邏輯能力的培養從「提問」開始，也就是對所有事物產生疑問，並在提出答案的過程中培養出的能力。

但所謂的提問並不是向他人發問。

首先從向自己提出疑問開始，日常生活中不管看到什麼，都要對自己提問：「為什麼會這樣？」並嘗試自問自答。像是每天接觸的電視新聞，或是去便利商店看到架上新商品時，不管什麼時候都可以訓練自己自問自答的能力。

接下來簡單介紹一個自問自答的例子。

Q 為什麼最近常看到「M型社會」和「品格」等詞？

A 因為以這些為名的書很受歡迎。

Q 那麼為什麼這些書會受歡迎？先來說明為什麼探討「M型社會」議題的書籍會如此受注目？

A 因為人們對於社會現狀的不了解容易產生不安，特別是自己在社會中處於怎樣的位置，以及確認自身的存在欲望非常強烈。

……就如上述，不管看到報紙新聞還是廣告，養成常常詢問自己「為什麼？」的習慣，這對邏輯能力的養成非常有效，而且又容易實行，不管是在搭車或是吃飯都可以這樣做。

不管自己的答案是對是錯都不重要，最重要的是學著將現實中的狀況，用自己的方法給它一個「理由」。

古田敦也教練和裴勇俊誰比較適合戴眼鏡？

在進行自問自答時有一點要特別注意，「不要把主觀好惡問題當成訓練邏輯能力的題材」。

主觀好惡問題無法有邏輯性答案出現，而且以邏輯能力去思考這樣的問題本來就是沒意義的一件事，「邏輯性」是不能和「情感」、「主觀好惡」混為一談的。

譬如「日本職棒東京養樂多燕子隊的古田教練和裴勇俊誰比較適合戴眼鏡？」這樣的問題，就屬於主觀好惡的問題。適不適合戴眼鏡可依各人好惡判斷，卻不能以邏輯說明。以這樣的問題做自問自答訓練，完全無法培養邏輯能力。

就算有人主觀認為「裴勇俊比較適合」，但這是個人喜好問題，無法對此意見提出相反論點。

所以最重要的是在平常所見所聞的題材中，找出「和主觀喜好無關的問題」對自己提問。

「為什麼會通貨膨脹？」

「為什麼勞工工作時數會突然成為社會問題？」

「為什麼比起伊朗和伊拉克，美國卻如此縱容北韓？」

「社會進入少子化時代，但為何大規模裁員不斷，而裁員後股票還是會上漲？」

大多數的問題都不需要特別查資料，只要有「說服自己的理由」或是找出「自己能接受的道理」就可以了。

每天至少找出一個問題，反覆詢問自己「為什麼？」這麼一來邏輯能力就會大幅提升；拿同樣的問題詢問他人，將答案和自己的做比較，不僅可以接觸到新的想法，也可以相互比較誰的答案較具邏輯性，呈現的效果也會更顯著。

提升邏輯能力的「一人辯論」

所謂的辯論是針對一個話題，分成「贊成派」和「反對派」，分別提出理由和根據，闡述個人主張而展開的活動。

為了培養邏輯能力，辯論是個不錯的辦法，如果沒有能一起練習的對象，也可以自己進行。以剛剛曾經提過的自問自答方式來做說明。

首先設定一個「課題」，這裡以「對於修改憲法是贊成還是反對」為題進行辯論。決定課題之後，先站在贊成立場來思考自己的意見及理論根據。

【贊成修改憲法的根據】

①憲法已無法順應當今社會現況。

②憲法原本是總司令部強制規定後的內容。

思考過後，接著以反對立場針對上述的①和②做出反論。

【反對立場的反論】

針對①

何謂「現況」，並沒有具體說明。

姑且不論這點，憲法本來就是指引國家走上正確方向的「基本規範」，要憲法符合現況根本就是「本末倒置」。

針對②

就算憲法是被某些人規定後的內容，只要是「對國家有幫助的」也沒有不好。

如果被規定是不好的，那麼父母對子女施予教育也是不對的囉！

結束上述流程作業後，接著站在反對立場重新思考這個問題。

【反對修改憲法的根據】

現行日本憲法是世界上少數的和平憲法，做修改的話會有把日本導向軍事大國的疑慮產生。

【贊成立場的反論】

就算擁有和平憲法，也不能保證絕對不會遭受他國的攻擊和侵略，本國國民需要擁有抵擋侵略的最低軍事能力，所以「修改憲法把日本導向軍事大國」是非常先進的想法。

以上述方式，自己在腦中思考「贊成的理由」和「反對的理由」，接著各自提出反論，這就是「一人辯論」。

只要在日常生活頻繁地做這樣的練習，邏輯能力一定能提高。

不動腦就沒有邏輯能力

我之所以建議大家練習「自問自答」和「一人辯論」，是因為邏輯能力這種東西「不自己動腦就絕對不會進步」。

現今社會上，強調「邏輯性」、「邏輯學」的書籍不在少數，當中也舉了不少例子，「邏輯思考後會以○○理由做出△△結論」這樣子來做說明。

但是這樣的「驗證行為」並不能真正使你的邏輯能力增加，最多只能說是思考方向的參考，對於自己腦中的「邏輯能力」訓練還是不夠充分，唯有在日常生活中自己尋找課題，養成訓練大腦的習慣才是成功的不二法門。

所以不管是簡單的課題或是在行的領域，希望各位都能親自實踐以上所介紹，培養邏輯能力的二種方式。

準則 15
充分利用五感讀書

人類的五感就是指「視覺」、「聽覺」、「味覺」、「嗅覺」和「觸覺」這五項，我在本章節所要提出的建議是，充分利用人類的五感，使讀書更有效率。

但是聽到什麼「運用五感讀書」，一般而言應該會因為不懂是什麼意思而感到困惑，在此先就其意義好好解釋一番。

能運用五感自如的人很少

如果要各位想像自己讀書的樣子，大家眼前會浮現怎樣的景象？

大部分的人應該都會想像自己坐在書桌前看書的樣子，或是在教室聆聽老師上課時的情景。說不定還有人會想像自己大聲唸出書本內容的樣子。

但大部分人想像的情景都是以「視覺」去看教科書，以「聽覺」聆聽上課內容，以及使用「觸覺」拿筆做筆記等方式。其實這就是在不刻意的狀態下，利用感官讀書，所以本章節就是要使讀者能更加意識到這一點，利用五感來獲得好的讀書結果。

看了我以上的說明後，應該會有些讀者產生以下疑問。

「我知道會用到視覺、聽覺和觸覺，但是讀書時怎麼使用味覺啊？難不成是要我們把教科書給吞下去嗎？」

「嗅覺要怎麼使用？是要我們分別在教科書上灑香水？」

請不要誤會，我絕對不是要大家像山羊一樣吃教科書，也不用去買好幾罐香水來灑。「充分使用五感」正確來說是「充分使用眼、耳、口、手、鼻」的意思，「五感」這個名詞一般來說是個意義深遠的語詞，我之所以會拿「充分使用五感」來做表現說明，只是為了讓各位容易記起來。

既然本書是在介紹有效率的讀書方法，總不能說些會讓讀者不好記憶的表現方式，這麼一來就太對不起讀者了，所以「充分使用眼、耳、口、手、鼻」這樣的表現方式不僅不流暢，也不太適合用來當做讀書時的口號。

因此本書所謂的「充分使用五感」，事實上是指「充分使用眼、耳、口、手、鼻」的意思。

而且我的既定印象認為，**現在大部分的學習者好像都不太擅長利用「五感＝眼、耳、口、手、鼻」來讀書**，所以接下來要說明的內容，各位可以當作例子，隨自己性格發展應用。

必須加強「表現型的讀書方式」

讀書可以分為「吸收型」和「表現型」兩大類，聆聽課程和讀教科書屬於「吸收型＝輸入大腦作業活動」，而以口頭說明、解答則屬於「表現型＝從大腦輸出作業活動」的基本類型。

我國教育重視吸收作業，正確來說應該是「只有實施吸收教育」，大學和補習班的課程都是屬於「吸收型」。

書籍雖然也詳述一大串大意內容，但是像拙著《對妻子有利的中年離婚》一樣，有細心附上「確認問題」供參考的書籍卻是少之又少（不過最近的教科書在這方面有逐漸增加的趨勢）。

在國外有別於此種單向灌輸內容的學習方法論也不在少數，其中一個例子是哈佛大學法學院（法學研究所）所採用的「蘇格拉底教學法」。

蘇格拉底教學法簡單來說，就是在上課前先把課題交給學生，再由教授在課堂上對學生發問，學生回答完問題後，教授再深入問題探討並對其他學生進行發問……，透過教授和學生交換意見的方式，加深對議題的理解程度。

不曉得各位喜歡單向灌輸式教育還是蘇格拉底教學法呢？至少在接受適度的單向灌輸式教育後，以蘇格拉底教學法方式來理解會更有效果，就算不能出國，也有不少小班制的大學研討會是以類似這種方式來進行教學。

但是一般來說，我國還是將教育重心放在「輸入式教育」，這點是不容置喙的。

說明到此或許有些人會產生觀念混亂的情形，在此要特別說明**「偏重輸入教育」和「背誦學習」是不同的概念，如同先前提到的，「填充式記憶」和「完整背誦」是很重要的讀書步驟，但單單靠這些還不夠，必須將內容表現出來。**精確地說，為了提高「填充式記憶」和「完整背誦」的效果，以及培養應用能力，將學習過的內容適當地表現出來是必要的。雖說同樣在輸入學習內容，但光靠「看」和「聽」有很多時候效果不彰。

總之，「完全偏重吸收知識而不將內容向外輸出」以及「只偏重看和聽的輸入方式」才是真正的問題所在，而填充式記憶和完整背誦，不是我們所謂的問題出處。

「教導他人」是很好的學習表現方式

看了我以上的說明後，或許又會有這樣的疑問出現。

「不能一味地偏重輸入式學習，那麼要如何實施所謂的表現型讀書方式呢？」

「所謂的表現型學習法是不是要付高學費去接受類似一對一指導的課程呢？」

接受個別指導當然不是件壞事，但是就算不做到那樣程度，表現型學習方式一點也不難。

雖然要提高「輸出作業」的比重，但還不至於要花多餘金錢的地步，那麼到底該怎麼做呢？

就結論來說，「只要多使用口和手從事輸出作業活動就可以了」。

首先，來說明如何運用「口」做學習內容的表現。不曉得讀者們知不知道要學好某一科目的最好方式是什麼？

就是「教導他人」。我在司法考試合格後，曾有一段教導司法考生讀書的經驗，為了拿出所學，傳授知識給這群具有相當實力的學生，我必須比他們努力好幾倍來作準備才行。

這個時期的我，**透過「教書」的經驗，把之前不甚了解的部分也搞懂了，記憶不完全的地方也再一次複習，讓記憶完全進入大腦**。由於教學是主動的行為，對於「記憶的完成效率」能快速向上提升。

以上就是「使用『口』來表現」的典型方式。

和三五好友互相「出題考對方」

當時也不是所有人都會和我做一樣的事，因為不會有人提出「請你現在馬上去補習班教導學生讀書」等胡來的要求。

但是「透過教學幫助自我學習」這樣的方式，有更簡單就能實踐的方法。

像是模擬考試結束後，集合一起讀書的夥伴，聚在一起討論考試題目和解答方法，或是在平常讀書時，於圖書館或自習教室，彼此出題考對方，除了能確認理解程度，學習效果也會有顯著提升。不僅是答題的一方，連出題的一方也能達到同樣效果，這就是「透過教授夥伴來學習」最簡單的方式。

如果沒有一起讀書的夥伴，可以請另一半或是父母、兄弟姐妹擔任聽眾，看情況而定，有時候也能找孩子來當對象。花一點點時間將自己學過的東西，做些簡單的說明讓對方理解，如果解說到孩子都能夠了解的程度，就可以算是很成功。

因為不是很了解內容的話，是無法做到「以容易理解的方式解說內容」。

所以讀了以一般讀者為對象的書籍後，如果還是不能了解其中內容，那就是作者的錯，讀者完全不必負任何責任，這完全是作者不夠了解內容就出版的問題。

我在準備司法考試時，每當模擬考試過後就會開讀書會議，會議中實行平常和夥伴們中午吃飯時，在圖書館「互相出題考對方」的活動。

女兒準備中學考試時，我為了比在補習班上課的女兒還要了解內容，讓我吃了不少苦頭。

雖然有人認為「中學考試的內容應該比司法考試簡單得多」，但這完全是錯誤的想法（中學考試的內容實際上非常複雜難懂），我也因為多次「教導」女兒，藉由必須從口中說出內容，使內容深深烙印在我的大腦裡，不知從何時開始我的理解能力也變得更加深入了。

「觸覺」表現型學習法——「解題」

如果想要利用「手」來做表現該如何做？最好的方法就是積極地參加模擬考試，多做一些題目。

我在第二次挑戰司法模擬考試的「答案練習會」時，比一般的考生多接受二倍以上的考試，因為一星期有四天要考試，很少有不用接受考試的日子。

而且考試大多在夜間舉行，當白天大腦思緒還清晰時，不斷讀書和記憶等輸入活動，累積了不少疲勞感，到夜間考試時，不得不強制自己動腦和動手，將讀過的內容向外輸出。假如換在早上進行考試，光應付考試就很疲累了，當天很難再做其他需要集中精神的活動。

像這樣接受許多模擬考試，不僅能學到分配時間的技巧，也可以利用手部活動將學過的內容表現出來，推薦各位一定要嘗試看看。

接受資格考試的人當中，有些人會先好好上一年的課，之後再慢慢接受模擬考試，實際上也有這類標準課程的補習班存在。

但我覺得那樣的做法絕對是在浪費時間，設立時間點的話，人的腦袋會自然而然忘掉半年前或是一年前學習過的內容，也就是說從接受模擬考試的時間點算起，很有可能半年前或是一年前所學的內容都變得有些記憶模糊了。

就算還記得半年或是一年前讀過的內容，但是一想到「再二～三天就要模擬考了」，就得跟時間賽跑來複習，從這個理由來看，一開始就**一邊讀書一邊接受考試會來得比較有效率**。

如同先前所敘述，我在離開公司後的隔天，也就是十月一日開始準備司法考試。

首先我在十月中後期報名了模擬考試，到隔年的三月為止，每週兩次的模擬考試，我都沒有缺席。好在出題內容大多有範圍限制，我才能利用市面上販賣的課程錄音帶和教材，就考試範圍做練習。

結果不到半年的時間，我就把當時包括「訴訟法」等五個科目的練習題都做過好幾遍。

如果我當時以「從基礎學起」的心態來學習，應該會晚半年才開始接受模擬考試，這樣一來要我在短時間內做出五個科目的答案，應該是不可能的事。就因為當時有模擬考試不斷的壓力，才使得我堅持下去，這是我當時的實際感受。

當然也因為我脫離上班族生活後，無法讓自己悠閒的花個半年、甚至一年的時間來讀書，才有動力造就我最後的逆轉成功。

手動個不停的天才數學家

以上對學習內容的表現型讀書法，就「說話（教學）」和「用手解題」這兩項來做說明，但我想應該還是存在許多其他方法。

不要忘了，利用「口」和「手」來幫助學習是最基本的，特別是「動手做」是非常重要的一點。

譬如在解數學習題時，就是很好的「輸出作業」，但令人驚訝的是似乎有許多考生如果遇到不會的題目，往往不動筆去算算看，只是直盯著答案紙發呆，這樣做是不對的。

做數學習題時如果有圖形就畫畫看輔助線，遇到代數問題試著寫下可能的算式，這就是所謂的「動手做」，試著動手寫下想到的東西，就是將讀過的內容表現出來。

天才數學家高斯（Johann Carl Friedrich Gauss）[1]就算成為名符其實的大學者，也不聘用計算助手（當時計算機還未發明，所有計算都要以人力來做，大多數的數學學者都會因此僱用計算助手），有人問高斯為何不僱用計算助手，他是這樣回答的：「就算單純的算數活動，還是能有新發現，所以我認為計算作業是很重要的。」

就連天才數學家高斯都不假他人之手自己做數學計算，那我們這樣的凡夫俗子何以不自己動手，**特別是在讀數學時，必須不斷地摸索、進行輸出作業，所以一定要親自動手計算**。

當然，不只有讀數學時才需要經過不斷的試驗和失敗經驗。從事商業活動時，也必須思考企劃書的架構及內容、決定市場策略等，總之先把想到的東西一個接一個寫在紙上。最近「心智圖」[2]非常流行，如果不習慣這樣做的人，只要在影印紙的背面，將想到的東西一一羅列出來就足夠了。

等「想到的東西」都排列好之後，將寫下的東西再看過一遍，把不要的地方去除，缺少的地方補足，或是以箭頭做連結，這樣一來不僅能整理腦中的思緒，對草擬企劃等活動也非常有幫助。

別把「輸出作業」和「讀書」混為一談

說明了「輸出作業」的重要性之後，為了不讓大家產生誤解和混淆，所以就來解說一下「輸出作業」和「讀書」的不同處。

請想像自己讀國高中時的情景，班上是否存在著一到二個那種會使用尺和筆在書上到處做記號，並且不斷做筆記的人呢？現在的高中生，班上還有一到二個這種學生嗎？他們那麼認真地做筆記，最後成績是否有大大的進步呢？

1高斯：德國著名數學家、物理學家、天文學家、大地測量學家。高斯被認為是最重要的數學家，並有「數學王子」的美譽。

2心智圖：又稱思維導圖、靈感觸發圖、概念圖或思維圖，是一種圖像式思維的工具及利用圖像思考輔助道具來表達思維的工具。心智圖是使用一個中央關鍵詞或想法引起形象化的構造和分類；它用一個中央關鍵詞或想法以輻射線形連接所有的代表字詞、想法、任務或其他關聯項目。

我在讀高中時，班上還滿多這種人的，非常熱衷於「整齊的筆記」和製作歷史年表以及化學元素記號表，但這群同學卻沒有一個人成績有進步……。

他們大多數都很認真，而且也對讀書很積極，為何他們的成績沒有明顯進步呢？是因為他們天生資質不好嗎？讓我們來稍微思考一下這個問題。

正確答案是「他們根本沒有在『讀書』」，他們確實很拚命在做筆記，而且花的時間也比一般學生來得還要多，但他們所做的並不是「讀書」，只能說是為讀書做準備的「事前作業」。

所謂的筆記是指自己看得懂的東西，為了達到這樣的目的，並不需要花很多心思在整理筆記上，有很多時候甚至根據科目性質都不需要用到筆記。

我在準備大學入學考試或是司法考試時，就算課堂上需要做些筆記，但之後從沒再花時間來整理這些筆記。

「讀書」指的是「理解」、「記憶」以及「摸索」等大腦活動，但是用尺、筆來

美化筆記這件事，基本上不使用到大腦，所以不能說是讀書，最多只能算是讀書前的「準備作業」。

如果有三小時的讀書時間，熱愛整理筆記的人就會依狀況花兩小時來美化筆記，只剩下一小時可以「讀書」，也就是大腦活動的時間只有一小時左右。相對而言，省去此作業階段的人，「大腦活動」的時間就有整整三小時。

比較二者的讀書時間，前者為一小時，後者則有接近三小時的時間，以「輸出作業」為優先的人，或是「輸出作業」比重較多的人，坐在書桌前花費不少時間，卻換來成效不彰的結果，這是理所當然、可想而知的事。

如果讀者認為上述內容有道理，就趕緊將「輸出作業」時間和「讀書」時間做些調整，這麼一來，原本以為「已經整理了那麼多筆記，為什麼沒有成果顯現，難道是自己能力不夠嗎？」這樣的煩惱就能瞬間消失不見。

有聲教材的優缺點

接著說明利用五感學習，「聽覺」的效果。

先撇開英文聽力練習的部分，我認為關於其他領域的學習，都不能過分輕視「聽力學習」的效果。

就拿大學入學考試來說，CD等有聲教材幾乎是被同一家出版社壟斷的情形，而和中學考試相關的有聲教材幾乎沒有。

我認為使用者的理由是「只要去上補習班課程就足夠了」，而補習班業者則是擔心「有聲教材大量出版後，說不定來補習的人數就會銳減」，所以一致同意這樣的做法。去補習班上課或是聽講座的確可以利用聽覺蒐集情報，但是我一直都相信「有聲教材和去補習班聽課有著截然不同的效用」。

因此以下就來列舉幾個「有聲教材的優點」給大家做參考。

①由於學生大多是在夜晚去補習班上課，常有精神不濟無法專心聽課的情況產生，但是如果使用有聲教材，「可以在精神不集中時馬上停止學習」這樣的方便性。

②請假沒去補習班上課的話，就算有錄影帶等輔助系統幫忙，也會感覺到被追著跑的壓迫感，最糟的情況是會因此感到挫折，但只要有了有聲教材就不需擔心這些。

③補習班課程是已經決定好的，使用有聲教材，可以配合自己步調來規劃課程，譬如每天都聽，加速學習進度；集中在星期日聽，或者是只聽自己不擅長部分。

④有聲教材的攜帶性佳，不管何時何地都可以聽，應該很多人有過「在捷運或公車裡

以攜帶式播放器播放，然後記住內容」的經驗。走路時全身的血液循環會變好，此時眼睛接收到的情景以及耳朵聽到的內容，很容易結合在一起，有提高大腦記憶的效果。

生活上有不少這樣的例子，當你看到某銀行的看板，就會想起某段你讀過的內容，或是在讀某個科目時，眼前居然浮現某個餐廳的照明裝飾……。

⑤大腦科學專家也提出「不使用視覺，光靠聽覺更能活化大腦」這樣的見解（之前所提到過的大腦研究科學家板倉徹教授等人）。

事實上，我在準備司法考試的頭一年，幾乎都是靠有聲教材的錄音帶來學習內容，再接受模擬考試的，當時補習班有在販賣前一年課程的錄音帶，我就去挑選了當中適合自己的部分，依循出題範圍，靠著文字版的教科書加上錄音帶來準備模擬考試。這麼一來，就可以配合自己的進度設計課程，我也因為老早就開始接受模擬測驗，才使我的成績有所進步。

一直坐在書桌前對讀書產生厭煩時，我會攜帶隨身播放器到附近的公園走走，晴朗的天氣不僅能轉換心境，在愉悅心情下聽到的內容也更能夠留在大腦裡，還能把公園裡的風景和憲法做連結，產生加深記憶的效果。

隔年，我還是持續將有聲教材當做至寶來對待，最後就如前面敘述過的，對我而言和司法考試相關內容的記憶大多都是「只聽聲音沒見過面的名師」……。

女兒在準備中學考試時，也很確實地使用有聲教材，但由於市面上幾乎沒有販賣這一類商品，所以我自己將教材重點處錄下來給女兒聽，也讓她聽我們兩人一同錄製的「Q&A問題對答」。所幸這樣的做法使得女兒在準備理科和社會科目時，並沒有遇到什麼困難。

但是有個部分要特別注意，**「只使用有聲教材」，是不具學習效率的事**。

如何在有聲教材的使用與補習班課程中取得良好平衡是很重要的。居住偏遠或是時間上考量而不能上補習班的人，如果只以有聲教材來學習，可能會出現意志力不堅而無法持續的情形（造成CD等大量堆積）。

所以我強烈建議那些無法去補習班上課的讀者，至少要去接受模擬考試。

以嗅覺劃分「集中精神」和「放鬆」的時間

說明五感讀書法到此，只剩下一個部分還沒有介紹，那就是「嗅覺」的使用，也就是運用「鼻子」來幫助學習的讀書方法。但我想或許會有些讀者對於我要如何切入介紹，感到不以為然。

「莊司先生要我們『充分使用五感來讀書』，但要如何利用嗅覺呢？該不會就這樣矇混過去了吧？」

說真的，會有這種想法的人，我想他們之後一定會在某方面有活躍表現，學習也很有效率，因為「對任何事都要求答案」的好奇心，對於之後是否能在社會上生存有非常密切的關係。

回歸正題，利用嗅覺的讀書法，關鍵就在於使用「香味」。

近年來，香味在「轉換情緒以及疾病治療上發揮作用」，所以我們也能將香味的效果運用到讀書上面。

需要集中精神時就使用檸檬或是薄荷香味，想要放鬆心情時可以使用薰衣草等香味，這麼做不僅能使精神為之一振，對於「精神昂揚地讀書和放鬆心情的睡眠休息」也有很大幫助。

事實上，我在寫這本書的同時，也在書房裡點了薄荷精油，其實應該使用更能提振精神的柑橘香味才是，但很不巧的是已經用完了……。

因為香味產生的效果因人而異，希望各位能多做嘗試，找出最符合地點、時間以及場合的香味。

以「解答公職考試程度的經濟學問題」為目標

我是四十四歲時第一次翻開經濟學課本，由於我在學生時代沒有修過這門科目，可以說是初學者，我就從諾貝爾經濟學家約瑟夫・斯蒂格利茨（Joseph Eugene Stiglitz）[1]所寫的《斯蒂格利茨入門經濟學》開始閱讀，因為內容實在太有趣，我一下子就讀完了。之後我也看了美國著名經濟學者尼可拉斯・格里高利・曼昆（N.Gregory Mankiw）[2]以及我國經濟學者的著作，以為自己已經對經濟學瞭若指掌。

但這時候，我卻搞混了其中的意義所在。

1約瑟夫・斯蒂格利茨：美國經濟學家，哥倫比亞大學教職員。他在二〇〇一年獲得諾貝爾經濟學獎，曾擔任世界銀行資深副總裁與首席經濟講師，並提出經濟全球化的觀點，他還曾經在國際貨幣基金組織任職。

2尼可拉斯・格里高利・曼昆：美國著名經濟學家，哈佛大學的經濟學教授。二十九歲成為哈佛歷史上最年輕的終身教授之一，就讀於麻省理工大學、普林斯頓大學。他在普林斯頓大學開始自己的經濟學學習，還是全國經濟研究局的研究員，布魯金斯經濟活動討論小組的成員，波士頓聯邦儲備銀行和國會預算辦公室主任及美國總統經濟顧問委員會主席。曼昆教授是一個著作頗豐的學者，他的研究範圍涉及經濟學的許多領域，其中包括價格調整、消費者行為、金融市場、貨幣與財政政策及經濟增長。

首先是閱讀課本這件事，其實書上所列出的經濟問題範例以及算式，我都只是看過去沒有完全理解，換句話說，就算看了這些範例和算式，也只能說是「單純的概念理解」，完全欠缺在過程中解題的知識。

很慶幸的是，我購買了日本人氣金融諮商家石川秀樹先生的演講錄音帶來聽，從中學習到「如何實際使用經濟學知識」以及「經濟範例的構成曲線過程是如何形成」等，更加了解如何實際運用這些知識。石川先生的著作不同於斯蒂格利茨和曼昆的書，屬於能應付考試的實用書籍。

所以一直以來，靠閱讀經濟學家書籍自學部分的遺漏之處都在此補足了。

但石川先生在錄音帶中也提到，只是理解其中內容，還不足以解答所有的經濟學問題（最多只能用於資格考試等），其實就這一點來看和數學這科目還有點相似。雖然我能完全理解書中內容，但是一看到石川先生出的問題後，還是不曉得怎樣下筆。

因此我下了個決定，「總而言之先去參加考試，配合考試設定自己的讀書步調」，就這麼參加了經濟學檢定考試。我的第一步是去購買考古題，到考試前拚命的來回算個好幾次，但令人遺憾的是考試當天由於有其他要事，不能參加，不過對我來說那麼認真去做題目所學到的知識，會成為我人生很大的寶藏。

對於沒學習過經濟學這門科目的人來說，絕對不能抱有「只要讀完課本就足夠」的錯誤想法，為了真正理解當中奧妙，至少要有能應付公職考試的程度，現在想想，如果解題到某個程度的數量，自然而然能更加了解經濟學的理論架構。

如果本身是經營者，至少要知道微觀經濟學中的「損益平衡點」以及「停止操作點」這些概念，還有自賽局理論衍生出的初步策略理論，都可以算是經濟學的常識範圍。

另外，看得懂英文的人不妨去讀斯蒂格利茨和曼昆的原文書，因為書中使用的英文都不是太過困難的單字，而且他們的著作都會不時重新再版，等翻譯書籍出版也還要一段時間，所以讀最新版的原文書才能在第一時間得到最新知識和情報。

準則 16 不要對購買教材感到猶豫

遵守王道才能在考試獲得勝利

要接受入學考試或是資格考試前，大多數的人都會選擇去補習班上課或是購買知名的參考書。

雖然有少數人沒去補習就順利考進東大（或其他知名學校），但這樣的人畢竟是少數，我認為把自己想作那少部分的人，對自己太過有自信，而且也過於冒險。

所謂的艱難考試，最後會合格的不只一個人，不像奧運，一個項目要四年才有一人能奪冠，由於選拔測驗以及資格考試每年都有好幾百人能夠合格通過，只要能擠進一個名額就算是成功，不需要抱有要做什麼「特別準備」的想法。

入學考試和資格考試本來就不是以「天生才能合格與否」為評分標準，拿每年有幾百人能通過的考試來說，如果那些人天生就是天才型人物，那麼日本就可以稱得上是「天才大國」了。

因此，就算合格者當中有IQ二〇〇左右的人，只要想著那些人是特別的例外就好，不用太在意，自己絕對能以「其他優勢」獲得合格。

遵守王道才能在考試奪勝，絕對禁止使用其他奇奇怪怪的旁門左道。

想要提升實力絕對不能太過節儉

雖然都是遵守王道，但是仔細觀察一～二個星期，我有自信能發現「合格者」和「落榜者」兩者間的差別。

判斷基準就是，「對眼前事物小氣的人」是會失敗的類型，「小氣」這個說法有點俗氣，所以我們暫且說是「節儉」好了。

如果是為了「興趣」而接受考試，是可以節儉行事，因為興趣而花大筆金錢有可能會使得家庭失和，所以「在預算許可範圍內，一定要通過某個資格或檢定考」就不需要胡亂支出金錢。

但是，如果有「怎樣都要通過」、「怎樣都要得高分」，甚至是「一定要通過」、「一定要得高分」的人，就絕對不能太過節儉。

對於這些人，我有些話希望你們能牢牢記住，「為了時間和效率著想，不要吝嗇花錢」。

也請要讀書的人，把這句話寫下來貼在書桌前。當然這句話可以隨個人理解程度做不同的解釋（像是「金錢可以買到時間和效率」、「為了讀書不要吝嗇花錢」或是「對書籍多所猶豫就買下」等表現方法）。

以下就「為了時間和效率著想，不要吝嗇花錢」的意思做些具體說明。

「不購買書籍」的可怕之處

我從準備大學考試開始到現在，都一直告誡自己「如果對書籍存有購買疑慮就要買下」。

只要到了書店，隨處可見許多有用的書籍，但是當天早已有購買其他書籍的預定，如果再買一本，手上現金就會減少，而且就算買了也不知道實不實用……，這種時候就會猶豫的想：「是要買還是不要買呢？」

遇到這種情況，就一定要買下這本書。**如果因為「書太貴」而不買，時常會在某**

個時間點突然需要用到這本書，而這種情形往往在我們讀書過程中不斷發生。

最糟的是當時沒買下來的書後來就絕版買不到，或是一時之間無法在市面上找到等情形發生，遇到這種情形，就只能去圖書館借借看，但是借來的書，無法劃線作重點，也不能寫下紀錄做些「加工」，所以不能使用我們先前介紹過的讀書方法，就算可以在上面塗寫，一旦還書就沒辦法再讀內容了。

如果情況沒以上所述那麼糟，日後也會因需要而再次去書店或在網路上購買，產生不必要的間隔時間。

而當中的「機會損失」（將此間隔時間用來工作能得到的報酬）到底又有多少呢？當然會因各個職業有所差別，以一年能賺三千萬日幣的律師來看，扣掉加班和休假日，時薪大約為一萬五千日幣上下。

但是一萬五千圓還只是保守估算，因為晚一年通過考試的話，不僅會喪失一年的賺錢機會，還要眼睜睜地看著自己失去一年最能賺錢的時期。

雖然說醫生和律師沒有在算年功資歷獎金，但還是要累積到一定實力後，才能說是「真正的賺錢時期」，因此「晚一年當上律師，就少一年真正賺錢時間」這樣的想法可說是符合實際情況。這樣思考的話，就會覺得其實是有時薪二萬～三萬日幣的損失（聽說採時薪制的知名律師事務所中的資深律師，一小時要價七萬日幣）。

總而言之，為了要買之前「猶豫而沒買的書」再去書店一趟，或是等待網上訂購書籍的送達時間，就有一小時損失二萬～三萬日幣的機會損失風險存在（如果能夠好好利用這段時間，會有某種程度上的功過相抵）。

所以到處都潛藏「不買書的風險」，而其損失程度是由許多細數不盡的小地方集結，和書籍的價格相較，到底買還是不買，怎麼選擇對自己有利，應該是一目瞭然。

「猶豫不決就購買」的法則也適用於中學考試

我在買書時，只要其中一頁內容有用，就會毫不猶豫購買，因此我的書房幾乎沒有駐足之處，如果發生大地震，書房被書壓毀的可能性也非常大。

不只現在，當我在準備司法考試時，雖然手頭並不寬裕，但我還是很敢在書上花錢，我想這也是我能在當時以最短時間合格的關鍵之一。

女兒在準備中學考試時，我也確實遵從「猶豫不決就購買」的這個大原則，只要認為對女兒考試有利的書籍，不管是參考書或是練習題我都會統統買下來，就連有可能不會去應考的學校，其考古題我也買下來了。

然後，女兒當然是被滿坑滿谷的書籍包圍起來，我告訴她：「不管哪一本參考書，就算只有幾頁，要花一小時讀完也沒關係，只要讀了有用就好。」結果有好幾本參考書她連翻都沒翻開過……。

但是根據科目不同，女兒對參考書做了選擇「這個部分A參考書寫得比較好」，或是「這個題目的解說B參考書比較容易理解」，所以成功提升了女兒的讀書效率。就因為這樣的做法，使得一直到小學四年級第三學期前都還住在鄉下的女兒，在不影響睡眠時間的前提下，於最後一次的模擬考試中，拿到總排名第五十六名（偏差值七十二）的成績，衝破所有私立學校的考試難關，一舉拿下所有學校的合格證書。

不要參加聽不懂的講座

不管是入學考試或是資格考試的補習班，裡頭都會有「好的講師」以及「不好的講師」，所謂「好的講師」是指其說明的考試必備知識學生容易理解，而且能使學生輕易記起課程內容的講師，而「不好的講師」大概就是與上述相反類型的講師。

但是「好的講師」以及「不好的講師」的認定很容易受到聽課方主觀印象左右，

同一位講師對A來說是好的講師，對B來說卻是不好的講師，而這樣情形並不罕見。會造成如此差異的主要原因在於「學習吸收程度不同」以及「接受度」，總而言之，**只要去上「對自己而言是『好的講師』的課程」。如果繳納學費去上「『風評很好』但自己覺得很差的講師課程」，這樣的行為對自己有害無益。**不僅在上課時會造成那段時間的機會損失，還會給自己累積不必要的壓力。

因此，在選擇課程時，建議各位最好先「試聽課程」，如果一開始能了解內容，但之後就越來越聽不懂……，對你來說這就是「不好的講師」。這時候，如果不是因為自己沒興趣或是不專心等「自己」的問題，就不要再繼續聽課。

我在準備司法考試時，主要使用前一年度的課程錄音帶學習，但有時候我還是會去補習班，而且不管錄音帶課程或實際課程，如果有我覺得「沒效果」的階段，我就會馬上放棄，因為我認為時間還是比較重要的一個環節。

花錢買讀書環境

如果自己家裡環境「不適合讀書」，建議各位可以利用圖書館和付費K書中心。

付費K書中心因為有許多專注於念書的人聚集，寧靜的氣氛也容易啟動自己的「學習模式」開關，當然如果在星巴克等咖啡店讀書效率不錯的人，也可以選擇這些地方讀書。重點是找出「最符合自己時間運用的環境」。

如果那個環境需要付出等價金錢才能使用，就不要吝嗇掏出錢來，只要有助於提升讀書效率，最終得到的利益一定遠遠大於現在要花的金錢數目。

補習班有時也會開放空教室給學生當做「自習教室」使用，有的補習班還會特別增設廣大獨立空間的自習教室供學生使用，所以在選擇補習班時，不僅要考量課程內容，也要特別留意是否提供完備的學習環境。

有人因為豪華的自習教室而報名補習班課程，也有人因為找到適合自己的學習環境，一次也沒使用過自習教室，為了不讓錢白花，好好地把握、利用自己目前的讀書環境吧！

隨時關心自己的學習環境

人類會在不同的時間有不同的情緒狀態。

早上覺得心情很沉重，但到了下午卻恢復元氣，傍晚甚至還去了居酒屋……，這樣的人非常多，雖然這只是個單純舉例，就算每個人變化程度有所差異，但人類在一天中就能產生這些「心情轉變」。

而且心情好壞也很容易受到天氣影響，像是好天氣的日子，百貨公司的營業額會上升，股票會上揚，但在雨天或陰天，就會有相反的結果產生。

因此**就算處在同一環境下，還是會因為時間和天氣的變換而提升或是降低讀書效率**，如果能確實意識到這一點，就能隨著心情變換適合的讀書地點。

舉例來說，在早上或是陰天提不起勁的人，最好到能提高學習狀態的場所，讓懶散心情轉換成幹勁。相反地，如果心情高昂，說不定就適合到安靜、沒人打擾的自習教室讀書。如果無法在某個期間定下心持續讀書，「隨著心情變換讀書場所」就是非常重要的一點，隨時對周圍環境有某個程度上的意識，也就是「隨時關心自己的學習環境」。

我自從辭退金融機關工作後，到第一次申論題考試前，都一直在自己居住的公寓讀書，但是到了梅雨季節，我都有一股封閉感想要好好釋放出來。

為了解決這樣的困擾，我在學習環境的選擇上下了不少功夫，當下我就決定，準備下個年度的考試時，早上在圖書館的三樓（不那麼明亮但能集中精神的環境），下午到四樓（明亮且視野遼闊的環境）讀書，有模擬考試時就去補習班，因此這一年在讀書心情上，完全感受不到去年的鬱悶感。

下功夫注意自己心情，轉換讀書地點也是不容小覷的一件事。

準則 17 儘量取得學歷及資格證明

現在是光有資格和學歷無法成功的時代

大家應該都曉得，現今社會已經不是以前那個「認真讀書從所謂的一流大學畢業，就能一生安穩過日子」的時代了。

整個社會已經完全改變，和過去有所區別。將近三十年前，在我進入東大文科Ⅰ類組就讀那年，「法學緒論」的課堂上，教授說了以下這段話：「你們的父母應該對於你們可以考上這所學校而鬆了一口氣吧，至少將來不會有失業風險……。」

現在回頭想想，雖然是非常果斷的發言，但確實充分表現了當時保守的社會現象。但是就在大約十五年前，社會型態有了激烈的變化，就我所知，許多從東大畢業的人，之後不是在生活經濟上遇到困難，就是沒有一份所謂的固定工作。

和我同樣從事律師工作的人，應該也不會認為我們的頭銜就能保證衣食無缺的生活。以前在舊日本長期信用銀行工作時，我記得曾在調查部門的報告書上看到「從事律師工作的人當中，過著受保障生活的人數以一定比例攀增」這一段文字，所以當司法考試合格人數每年減少約五百人，日本經濟泡沫化時，我真的受到不小的震撼。

而現在似乎有許多律師是靠借貸過日子或是受到懲戒處分（實際上律師的懲戒案件數目，年年直線上升）。

其他像是取得社會保險專員（Certified Social Insurance and Labour Consultant）[1]資格的人當中，似乎也有許多是沒有工作而勒緊褲帶過日子，我記得曾經在報紙上看過好幾個生活不順利的社會保險專員待在一間狹小辦公室的照片，看了這張照片後，我深切感受到「現今社會就算擁有社會保險專員資格，也不能保證能過好日子」。

不管擁有怎樣的資格證照，只高掛看板，是不會有客人上門的。相反地，不安於現有資格證照，確實進行營業活動，就算沒有取得所謂的「強力資格證明」，也能在

1 社會保險專員：專門研究勞工法、社會保險和人力分配等，提供民眾社會保險諮詢服務，草擬或校正就業規則和合約等，在日本是非常熱門的資格考試之一。

這個社會繼續活躍下去。

我的朋友在取得社會保險專員資格後，也到處走動，尋找有需要的人進行營業活動，結果他過著「工作太多而忙碌的生活」。我也在登錄律師資格後直接獨立開業（也就是說，我沒有當過吃閒飯律師的經驗），到處拜訪和工作相關的人和公司。

總而言之，不管擁有怎樣的學歷和資格，如果本身厭惡營業活動，也不懂得社會人士應有的基本待客之道……，就算有學歷和資格也都派不上用場。

換句話說，學歷和資格在現今社會已不是「滿足人生的充分條件」，擁有學歷和資格這件事，只能把它想作是在艱困時代中生存下去的事實現況罷了。

擁有學歷與資格證照絕對有利

雖說這是個學歷和資格不具特別意義的時代，但沒有了這些會常常遭他人拒之門外也是不爭的事實。簡單來說，沒有律師資格就無法進行律師工作，沒有醫師執照就不能行使醫療行為。

如果公司要採用職員，一定會在實力和經歷不分上下的兩人中做出抉擇，此時若其中一人擁有ＭＢＡ[1]資格，幾乎所有的企業主都會傾向採用擁有資格的那一個人。也就是說**學歷和資格本身雖不具特別意義，但並不代表它們沒有存在的意義，雖然學歷和資格不足以稱做「充分條件」，但在一定範圍內要把它們當做「必要條件」**。

以律師資格為例，擁有律師資格並不代表「任何事絕對吃得開」的充分條件，但卻代表著「沒有律師資格就不能在律師事務所工作」的必要條件。MBA資格也是一樣的道理，雖然擁有這個資格不保證一定能賺大錢，但「比起一般人來說，擁有MBA資格會得到更好的評價」。

因此，為了取得屬於「必要條件」的學歷和資格，只能選擇更用功讀書這條路。

具體來說，擁有學歷和資格會比較有利的原因有以下幾點：

①就業或轉職時，擁有學歷和資格會比其他人來得吃香許多。

②為了取得學歷或資格而在某領域鑽研時，能學到許多知識運用於工作上，像是取得稅務會計資格後，不僅能對個人、法人經營者規劃出「節稅對策」等，也能使自己營業額上升以及客戶群增加。

1 MBA：企業管理碩士（Master of Business Administration，簡稱MBA）是商業界普遍認為晉升管理階層的墊腳石。現在不少學校為了開拓財源，都會與世界知名的大學商學院合作，推銷他們的企業管理碩士課程。

③取得資格後先上網登錄同業公會，並出席集會等活動，不僅能增進同業間的關係，還能拓展業務範圍，像是「律師公會」、「稅務會計師公會」、「行政法務士公會」等團體，不僅能得到情報還能獲得工作機會。

絕對要取得能力所及的學歷和資格

雖說現在不是只要有學歷和資格就能生存的時代，但沒有擁有這些，時常會讓好不容易到手的機會溜走。

因此，雖然不用像從前的司法考生那樣賭上人生不斷挑戰考試，但如果是能力所及的學歷或資格考試，就一定要去嘗試，才能在社會上取得有利位置。雖然各種學歷和資格的性質不盡相同，但若是放棄了「取得時機」，之後想再去挑戰，通常考試都會變得較先前困難。

雖然有些人因為經濟等問題，無法接受某些資格考試，但是現在有所謂的「數學」以及「漢字」等檢定，只要仔細搜尋，找到符合自己目標的資格檢定考試並不難，找到且立定目標後，照著本書所介紹的讀書方法來實行，努力讀書應該就能取得資格證明了。

特別是事先拿到資格考試等證明的話，總有一天會派上用場，有句話說「一技在身，萬用無窮」，**不管是資格還是學歷，對自己都是有絕對加分效果的**。

我有一個朋友先取得了當時被認為「沒什麼用」的行政法務士資格，後來才到公司上班，但那時他工作的公司卻因為破產而倒閉，因此不得不回到老家，自己開了一家行政法務事務所，由於他不斷的辛勤工作，自己開業的年收入比起在公司上班時還要增加了不少。

我還看過因為發生了不尋常的接待關係，某個從舊大藏省[1]退休的官僚，在學生時代，通過司法考試進入司法研習所學習的照片，我暗中猜想「這個人在公務員時代所累積下來的人脈關係，對律師來說很有利，應該能藉此得到不少工作」。

資格和學歷是「就算不能立即派上用場，但遇到困難時絕對有幫助的東西」，如果自己有能力拿到資格證明，就應該不辭辛勞努力讀書，積極地取得資格證照，這樣做絕對沒有壞處，還有可能幫助生命中遇到的困難成為轉機。

1 舊大藏省：為現今日本財務省的前身，為日本行政機關之一，國家的預算、稅制、貨幣、國債等事宜都屬於財務省職權。

結語

如果你有一百萬會怎麼使用？

你到底是為何而活？什麼又是你的人生目標呢？

如果有人對我突如其來的提問感到困擾，在此說聲抱歉。但這個問題是我一直不斷詢問自己的問題。

身為律師，費盡心思在工作上時，或是工作一天後心情感到沉悶時，我就會開始思考自己的「人生目的」。

如果是為了「生活」，我到底是在追求怎樣的生活？

如果是為了「家庭」，我又希望擁有怎樣的家庭？

如果是為了「金錢」，我成了億萬富翁時，要怎麼樣使用這些錢呢？

結果，不知從何時開始，我產生了這樣的想法，我們追求幸福過程中，家人和金錢只不過是成就自己幸福的手段之一……。

這麼一來，或許可以反問自己：「對你而言什麼是幸福？」

針對這個問題，我想這麼回答：「所謂的幸福就是可以繼續過著滿足的人生。」不管是微小的幸福，或是巨大的幸福，每個人在精神或是物質上都需要被滿足，而不是每天過著感到不滿的無趣人生。

如果現在你手上擁有一百萬元可以自由使用，你想拿這筆錢做什麼？

「投資股票」、「還清借款」、「存在銀行」、「一個晚上花光」……，應該會有許多的想法浮現，但這一百萬元就某些角度來看，應該算是個不上不下的數字，既買不起高檔車，也不夠豪華旅行，拿來當股票本金又不放心，所以說一百萬是無法讓人一生都「過著滿足生活」。

但是如果把這一百萬元好好拿來「自我投資」，能滿足過生活的可能性就相對增加了不少。

從「物質投資時代」到「自我投資時代」

街頭巷尾充斥著股票投資以及不動產投資的情報，但要從投資這些證券或不動產身上得到應有回報，過著「滿足的人生」，需要一筆相當的資金。

簡單來說，即使是天才型投資家（除了運氣真的好到不行的人），第一次投資還是需要投入一筆相當數目的資金，才能衍生之後那巨大的財富。

如果有一百萬的資金，即使銀行存款年利率到達三〇％，一年也只能增加三十萬，就算運氣好能順利運用這三〇％的年利率，十年後以複利計算，金額最多也只能達到一千三百萬左右的程度，再說投資的世界若是能以年利率三〇％這樣的表現，持續上升十年，那真的可以說是奇蹟發生。

但如果手上資金有一億元，三〇％年利率就有三千萬進帳，扣掉稅金，一年的利潤也足夠讓人過著悠閒的生活；資金若是十億元，一年能利用的利息就多達三億元。

這樣的說明應該很容易了解，物質投資如果沒有一定的資金，是無法得到足夠過「滿足生活」的回報。雖然也有所謂的「信用借貸」，利用借貸金錢投資的方法，但這會使自己顯露出破綻的風險性相對增高。

所以我要推薦各位的投資方式並不是物質投資，而是「自我投資」。

自我投資是藉由投資自己來提升自己的附加價值，顯著提升平均每一小時的單位價值。這麼一來，藉由自身的勞動就可以得到足夠的資金，不僅能拿來投資物質，在勞動的過程中更能提高自己的「人生滿足度」。

學到的知識永遠不會消失

現代社會中的「物質資產」，是非常曖昧且極為不安定的。

就算繼承了龐大財產或公司資產，自己也累積了不少財富，之後若是遇到過度的通貨膨脹，無法順應時代繼續經營公司時，這樣的物質資產就沒有任何存在價值了。

如同堺屋太一以及彼得・杜拉克曾在書上所提，之後的世界會是「知識價值社會」，唯有「以知識智慧活動者」才能在社會上出人頭地。如同現在盛行的ＩＴ產業，擁有偌大的工廠，卻沒在工廠中看到大量員工，還是可以在短時間內製造出巨大財富。

也就是說，以前那個時代，如果沒擁有生產設備等硬體資產，是無法賺大錢的，很幸運的現在是只要擁有「知識和智慧」，就能以些許物資創造出巨額財富的「機會時代」。

當然「創造出巨大財富」並不等同於「滿足的人生」，創造財富不過是結果中的一種可能，而「知識和智慧」則是在現代社會中，為了得到「滿足人生」的必要且唯一武器。

另外，因為我本身非常喜歡小孩，也喜歡教導孩子怎麼讀書（＝傳授知識和智慧），身為教導者，我必須擁有一定的「知識和智慧」，才能深入了解並分析當中奧妙所在，使孩子快樂地學習。我一想到那些孩子學到了知識和智慧後，將來在社會上活躍的樣子，就感到非常興奮與期待。

學到的知識和智慧是絕對不會被他人奪走的東西，這是非常重要的一點，絕對不能忘記這段話所代表的意義。

時代脈動轉換快速的今日，在未來的十年或是五年，會有怎樣的變化我們不得而知，只要想到每年持續發生的各種天災，「日本沉沒」這樣的天地變異就未必只是假想觀點了。

如果真的發生國家體制崩解這樣的情況，只要擁有「知識和智慧」，在其他地方或國家繼續生存的可能性就會相對提高，就算不到日本沉沒那麼嚴重的地步，只要全球各國持續朝無國界社會邁進，之後因為經商或是求學，到外國大學或海外公司工作的機會就會越來越多。

這麼一來，「國內通用」的觀念就會被摧毀，那時候如果沒有足夠的「知識和智慧」，就無法走向「滿足人生」這條道路。

讀書是「低風險，高回報」的自我投資

本書是從眾多自我投資方式中，以讀書為目標，輔以我的個人經驗寫出具效果的技巧及運用方式。

「自我投資」是個廣泛的概念，不只有讀書，像是體育、藝術，或是社交都可以運用這個觀念。但是要在體育或是藝術方面成為一流者，可是比取得東大法學部三冠

王（學部成績第一、司法考試第一、公務員考試第一）這個頭銜還要難。

我曾經跟參加司法考試的考生們說過以下這段話：「你們應該認為通過司法考試很難吧？但比起要在奧運奪金，很明顯地簡單許多，因為一年的合格人數有五百人（當時錄取人數）。」

也就是說讀書這件事，是以最低風險但有極高可能性走向「滿足人生」的自我投資方式（要在奧運奪金為目標就是高風險），所以讀書是低風險但回報率很高的一種活動，人人都可以接受這個挑戰，而且大多數人都是只要努力就會得到應有的成果，而那樣的成果對於往後的人生也非常有用處。

當然，敢去挑戰藝術和體育那種高難度活動的人，只要肯在那方面下苦心，我覺得沒什麼不好，因為我對於那種人抱有相當程度的尊敬之意。

但我要和那些只想過「平淡人生」的人做些信心喊話，「讀書不僅能讓你感到很有樂趣，而且對於能滿足過生活非常有幫助」，你要不要也來嘗試看看呢？

二〇〇七年五月

莊司雅彥

國家圖書館出版品預行編目資料

讀書，不要用蠻力/莊司雅彥作；林文娟譯.
-初版.一臺北市：商周,城邦文化出版：家庭傳媒城邦分公司發行, 民107.7
面； 公分.-（最佳實務36）
譯自：最短で結果が出る超勉強法
ISBN 978-986-477-497-5（平裝）
1.學習方法 2.動機 3.讀書法
521.14 107009921

新商業周刊叢書680

讀書，不要用蠻力

原書名　最短で結果が出る超勉強法
原出版社　講談社
原著者　莊司雅彥
譯者　林文娟
企劃選書　王筱玲
責任編輯　李韻柔
校對編輯　賴譽夫、魏秋綢
版權　陳孟姝、翁靜如、黃淑敏
行銷業務　周佑潔、王瑜、莊英傑
總編輯　陳美靜
總經理　彭之琬

發行人　何飛鵬
法律顧問　台英國際商務法律事務所
出版　商周出版
臺北市中山區民生東路二段141號9樓
電話：（02）2500-7008　傳真：（02）2500-7759
E-mail：bwp.service@cite.com.tw
發行　英屬蓋曼群島商家庭傳媒股份有限公司　城邦分公司
台北市104民生東路二段141號2樓
電話：(02)2500-0888　傳真：(02)2500-1938
讀者服務專線：0800-020-299　24小時傳真服務：02-2517-0999
讀者服務信箱：service@readingclub.com.tw
劃撥帳號：19833503
戶名：英屬蓋曼群島商家庭傳媒股份有限公司城邦分公司
訂購服務　書虫股份有限公司客服專線：(02)2500-7718；2500-7719
服務時間：週一至週五上午09:30-12:00；下午13:30-17:00
24小時傳真專線：(02)2500-1990；2500-1991
劃撥帳號：19863813　戶名：書虫股份有限公司
香港發行所　城邦（香港）出版集團有限公司
香港灣仔駱克道193號東超商業中心1樓
電話：（852）2508-6231　傳真：（852）2578-9337
E-mail：hkcite@biznetvigator.com
馬新發行所　城邦（馬新）出版集團
【Cite（M）Sdn.Bhd.（458372U）】
11, Jalan 30D/146, Desa Tasik, Sungai Besi,
57000 Kuala Lumpur, Malaysia
電話：（603）9056-3833　傳真：（603）9056-2833
印刷　鴻霖印刷傳媒股份有限公司
總經銷　聯合發行股份有限公司　電話：（02）29178022　傳真：（02）29516275

ISBN 978-986-477-497-5

定價／300元

2009年（民98）1月初版
2018年（民107）7月二版

<< SAITAN DE KEKKA GA DERU CHOU-BENKYOUHOU >>